新时代
〈管理〉
新思维

资本运作II

高增长企业的操盘逻辑

柴熙贤 纪路 著

清华大学出版社
北京

内 容 简 介

本书围绕资本运作进行分析和阐述。上篇以资本运作方法论指南为主题，介绍了资本认知、战略制定、现金流管理、股权布局等内容，目的是帮助公司挖掘更多获取收益的机会。中篇以资本运作模式分类解析为主题，详细介绍了四种资本运作模式，包括扩张型资本运作、收缩型资本运作、内生式资本运作、外延式资本运作，目的是让公司更好、更快地实现资本增值，帮助公司在竞争激烈的市场上占据一席之地。下篇以 IPO 与市值增长实操法则为主题，介绍了 IPO 前的估值、上市方案设计、市值管理等内容，目的是推动公司尽快上市。

本书内容丰富，语言通俗易懂，包含很多系统性和可操作性比较强的案例。对于企业家、创业者、公司高管等有资本运作需求，以及对资本运作感兴趣的群体来说，本书是一本不可多得的实战宝典，非常值得阅读和学习。

图书在版编目（CIP）数据

资本运作. Ⅱ，高增长企业的操盘逻辑 / 柴熙贤，纪路著.—北京：清华大学出版社，2024.6
（新时代·管理新思维）
ISBN 978-7-302-66217-4

Ⅰ. ①资… Ⅱ. ①柴… ②纪… Ⅲ. ①资本运作－研究 Ⅳ. ①F830.59

中国国家版本馆 CIP 数据核字（2024）第 087916 号

责任编辑：刘　洋
封面设计：徐　超
版式设计：张　姿
责任校对：宋玉莲
责任印制：杨　艳

出版发行：清华大学出版社
　　　　网　　　址：https://www.tup.com.cn，https://www.wqxuetang.com
　　　　地　　　址：北京清华大学学研大厦 A 座　　　邮　　编：100084
　　　　社 总 机：010-83470000　　　　　　　　　　邮　　购：010-62786544
　　　　投稿与读者服务：010-62776969, c-service@tup.tsinghua.edu.cn
　　　　质 量 反 馈：010-62772015, zhiliang@tup.tsinghua.edu.cn
印 装 者：大厂回族自治县彩虹印刷有限公司
经　　销：全国新华书店
开　　本：170mm×240mm　　　印　张：14.75　　　字　数：233 千字
版　　次：2024 年 8 月第 1 版　　　　　　　　　　印　次：2024 年 8 月第 1 次印刷
定　　价：79.00 元

产品编号：102614-01

当前，在世界范围内，各个行业的公司数量不断攀升。公司这一生产与经营的主体，在世界经济发展中占据着十分重要的地位。然而，公司的运作与管理并非易事，尤其是在当前竞争激烈的市场环境下，成功开创符合公司实际情况的运作模式，实现公司的永续经营，对公司管理者的意志力与能力有着很高的要求。

许多公司都面临着各种各样的问题，其中，资本运作方面的问题尤其值得公司关注。在纷繁复杂的市场环境中，不断有新的公司成立，也有很多公司宣布破产倒闭。因忽视资本运作问题而引发公司债务危机、股权纠纷，使公司发展遭遇挫折、创始团队散伙、股东锒铛入狱的案例屡见不鲜，越来越多的公司创始人开始意识到资本运作的重要性。

资本运作是公司效益增长的关键，资本运作模式直接影响公司的业绩表现。因此，了解资本运作的相关内容，学习不同的资本运作方法，设计适合公司的资本运作模式与架构，对公司的长期发展具有极其重要的意义。

此外，资本运作模式并非"一招鲜，吃遍天"，其可能在当前阶段能够起到积极作用，然而随着宏观环境的变化，在公司发展的下一阶段可能就失去了活力。为了实现公司的健康运转，公司创始人必须审慎选择符合公司发展且合理、科学的资本运作模式，在公司的规模、团队、业务等出现变动时，及时对资本运作模式进行调整，避免引发资本风险。

随着先进技术与新兴管理模式落地，公司需要新的资本运作解决方案。越来越多顺应时代发展、社会转型升级趋势的资本运作解决方案应运而生，为各行各业的公司解决实际问题、设计股权架构等提供有效指导。

本书是一本符合时代发展潮流的公司资本运作指导书。作者由浅入深、循序渐进地展开论述，为读者带来一本内容翔实的资本运作方法论指南。本书还向读者介绍了许多典型的案例，通过理论与实践相结合的方式，使读者能够更加清晰地了解不同类型的公司适用的资本运作模式。

总的来说，本书对公司资本运作具有极大的指导意义。相信通过阅读本书，对资本运作存在疑惑的读者能够解开困惑，将本书作为探索资本运作之道的重要工具。

恩卓企业管理（苏州）有限公司创始人

原盛虹集团信息化部总经理

原盛虹石化集团商务部总经理

吴志华

公司能否实现快速增长，很大程度上是由公司拥有的资金多少决定的，要想实现快速增长，公司就必须投资、融资"两手抓"。资本运作是基于市场法则，本质是资本和资产的交易，能促使公司的资金流动起来，使公司获得满足未来发展需要的资金。

随着市场经济的发展，公司之间的竞争变得更加激烈，从过去对生产资料的争夺升级为资本的竞争，公司需要更多的资金来提升自己的竞争力。只有熟练掌握资本运作的方法，将资本运作融入公司的生产经营中，公司才能获得更多收益，才能在竞争激烈的市场中占有一席之地。

金融改革的推进，给传统的商业模式和经营理念带来了巨大的冲击。我国大多数中小型公司都存在资本战略不合理的问题，例如，虽然 ofo 小黄车在一年内就完成了 5 轮融资，但在大量资本涌入时忽略了成本控制、长期运营等问题。由于缺乏精细化的管理和良性的盈利模式，ofo 小黄车最终陷入资金链断裂的窘境。创立初期得到过多资本加持反而成为 ofo 小黄车没落的主要原因。

当公司的成长速度加快，拥有了更大的规模和体量时，借助资本的力量实现进一步扩张是必然趋势。一个优秀的公司管理者应该及时为公司制定有效的资本运作战略，升级公司的组织架构，让公司能够沿着正确的发展方向稳步前进。

除此之外，公司上市前的估值也是公司管理者应当深入了解的重点问题。公司管理者应了解公司的价值和潜力，结合公司发展情况设计合理的上市方案，保证公司上市过程中的每一个环节都能安全、有序地进行。

　　本书围绕资本运作展开论述，对资本运作的四种模式以及上市前的估值和市值管理等问题进行了全面、具体的分析。书中引入了一些资本运作方面的经典案例，如华为、万达、沃尔玛等，理论与实践相结合，帮助读者更好地理解资本运作的方法和背后的深层逻辑。

　　通过阅读本书，读者可以学习到资本运作理论知识和实操技巧，充分了解不同的资本运作模式给公司发展带来的好处，帮助公司提升价值和盈利能力，实现进一步发展与壮大。希望书中的理论和方法能够为读者的资本运作实践提供有益的指导，帮助读者解决公司发展中出现的问题。

下篇　IPO 与市值增长实操法则

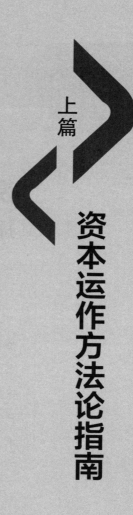

上篇

资本运作方法论指南

第 1 章

资本认知：
抓住新一波资本红利

资金是用于创造新价值，并使社会剩余产品价值增加的媒介，以货币的形式存在。资本则是带来剩余价值的价值。在市场经济条件下，公司为了保障正常的生产经营活动而投入固定资产和流动资产，这两部分资产的价值形态就是资本。因此，资本是市场经济中的重要生产要素。

1.1　公司成也资本，败也资本

公司成长的过程，实际上就是公司的物质、人力以及社会资本协同增长的过程。在公司成长过程中，影响公司成败的因素有很多，其中存在着共性因素，如不了解资本的瓶颈、创始人和投资者存在矛盾、看不清资本的本质、忽视无形资本等。

1.1.1　资本的瓶颈到底是什么

经营一家公司，本质上就是将资本与产业结合，如果仅靠公司自身的力量，是难以实现资本跳跃式增长的。而当资本积累到一定程度之后，公司往往会陷入资本瓶颈，难以实现突破升级。

一些人认为，公司的资本瓶颈在于资金短缺，导致公司无法进一步扩大产能、增加产量，实现多元化发展。其实，公司出现资本瓶颈的根本原因在于没能成功对接资本市场。

公司发展的第一要务是向资本市场借力，资本市场是解决公司融资问题的有效途径。现代公司间的竞争实际上是资本的竞争，如果没有掌握资本运作相关知识和融资的技巧，公司就很难在竞争中取胜。因此，公司只有积极与资本市场对接，才能突破资本瓶颈。

为了解决融资成本高、门槛高的问题，一个整体性的融资体系应运而生。这个体系涵盖了多极平台，除了主板以外，还有创业板、新三板等；除了股市之外，还有债市（债券市场）、风投（风险投资）等。公司想要进行资本运作，首先要在资本市场中找准自己的位置。

公司不能只依靠经营产品赚取利润，还要学会资本运作，从而更迅速地做大、做强。以顺丰为例，曾宣称不上市的顺丰最终还是选择了上市。

顺丰上市前的年净利润达 41.8 亿元，效益十分可观。顺丰为了追求长远发展，走上了上市之路，实现了快速发展。顺丰 2023 年半年度业绩报告显示，顺丰 2023 年上半年归母净利润达 41.76 亿元，同比增长 66.23%。上市为顺丰打开了新的增长空间，使其实现了进一步发展。

1.1.2　创始人和投资者的"相爱相杀"

创始人和投资者属于两个不同的阵营，对于公司的运营往往有着不同的目标。这意味着，创始人与投资者存在冲突是常态。两者的冲突主要体现在公司控制权归属方面。

一些互联网公司的创始团队为了保障自身对公司的控制权，会巧妙地设计股权架构，重构组织管理模式，将公司的控制权牢牢把握在自己手中。其设计的股权架构存在一个基点，就是使自身拥有更多的投票权配置权重。

当公司走向资本市场，过于集中的控制权就会与投资者的权益保护产生矛盾，创始团队就要重新评估自身的决策权和风险承担能力，以确定它们是否匹配。

以拼多多引入"日落条款"为例，"日落条款"指的是当拥有特别表决权股份的股东出现以下情形时，特别表决权股份自动转化为普通股份：

（1）不再符合资格要求或最低持股要求。

（2）丧失相应履职能力、离任、死亡。

（3）失去对相关持股主体的实际控制。

（4）向他人转让所持有的特别表决权股份，或者将特别表决权股份的表决权委托给他人行使。

（5）公司的控制权发生变更。

拼多多上市时借鉴了京东和阿里巴巴的股权制度，同时实行 AB 双重股权架构和合伙人制度。其中，AB 双重股权架构指的是把股票分为 A 类股与 B 类股两种类型，通常投资者持有每股 1 票表决权的 A 类股，创始人持有每股 10 票表决权的 B 类股，这种股权架构可以保证创始人对公司的控制权。在同时实施以上两种股权制度后，一方面，黄峥作为创始人持有公司的全部 B 类股，表决权占比达到 89%；另一方面，黄峥以及几位联合创始人组成合伙人委员会，他们拥有提名推荐 CEO、直接任命执行董事等权力。

2021 年 3 月，黄峥宣布卸任董事长一职，交棒给 CEO 陈磊。这一行为自动触发了其名下 B 类股的超级投票权失效的条件，公司的股权架构由同股不同权变为同股同权。

通过合伙人制度，黄峥与投资者之间形成了新的平衡。在修改公司章程前，合伙人制度依然能够在拼多多的公司治理中发挥作用。

随着科技创新的不断发展，公司间的竞争变得异常激烈。一方面，创始团队不希望公司被资本控制；另一方面，资本希望看到创始团队能够持续创造价值的实力。因此，当投资者进入公司后，往往会引入"日落条款"以打破原有的控制格局，激发公司创造出更大的价值。

1.1.3　认清资本本质，立足资本市场

资本是社会进步的产物，它的内涵随着社会的发展不断变化。以一个人变富裕的过程为例，初期，这个人没有做生意的本钱，只能靠自己的力气、技能和自然资源来进行初级产品的加工生产，这时的资本就是人力和自然资源。随着初级产品的出售，这个人的财富得到积累，有了购买设备的本钱，可以进行扩大再生产。

资本是人类创造物质财富和精神财富所需要的各种社会经济资源的总称，包括在生产过程中投入的物质资本、人力资本、有形资本和无形资本等。换句话说，资本是人们在生产经营活动中运用到的要素总称，包括知识、能力、货币、物质资料、人际关系等。

资本具有逐利性。逐利，包括合理、正当的利，即劳动者通过劳动正当、合理地获取收益；也包括不合理、不正当的利，即通过占有他人劳动成果获得收益。我们不能只是抽象地讨论资本的逐利性，而不讨论逐利性的正当与不正当。与其说是讨论资本的二重性，不如说是讨论资本背后人的二重性。公司要通过制度来约束人支配资本的权力，发挥资本的积极作

用，减小其消极影响。

资本市场是一个复杂的系统，在帮助公司获得投资回报的同时还为公司提供了融资的渠道。资本市场有多种形式，公司想要在资本市场中立足，需要具备一定的风险承受能力，同时需要了解不同市场的运作规则。

首先，公司需要对资本市场的概念和原理，以及不同资本市场的特点有基本的了解，然后根据自身风险承受能力和投资目标，选择合适自己的投资策略。

其次，公司要熟悉不同资本市场的交易规则。例如，在股票市场中，公司就要熟悉股票的交易规则和价格变动趋势；在期货市场中，公司就要熟悉期货合约交易的规则等。

再次，公司还需要时刻关注宏观经济形势、政策变化以及行业动态，精准判断市场走势，把握投资机会。

最后，公司还应该做好风险管理，慎重选择投资策略，避免过度投资，降低投资风险。

1.1.4　千万不要忽视无形资本

资本分为很多类，包括物质资本、人力资本、社会资本等，其中，有些是有形资本，有些是无形资本。无形资本即没有实体的资本，是在公司不断发展的过程中，从有形资本中分化而来的。公司除了关注有形资本外，也要对无形资本高度重视。

公司拥有的无形资本包括品牌、技术、商誉等。无形资本具备资本的一般属性，如增值性、流动性等。相较于有形资本，无形资本拥有更高的价值增值能力。无形资本是对资本的拓展，其特征和运动规律都不同于有形资本。

1. 无形资本具有较高的价值或价格

一方面，大多数的无形资本都是由劳动创造的，其中不乏大量高风险、创造性的智力劳动，因此无形资本具有很高的价值；另一方面，根据均衡价格理论，无形资本的效用强度很高，是市场中较为稀缺的商品，因此具有较高的价格。

无形资本的生产与一般商品的生产不同，不能批量重复生产，因此它的价值取决于个别生产者在个别生产中所进行的个别劳动。在实际中，公司无法准确地计算无形资本的价值，一般是通过无形资本可能产生的收益来估算它的价值。

2. 无形资本具有强大的增值能力

由于无形资本具有强大的竞争力和垄断力，因此具有强大的增值能力。例如，技术创新提高了公司的劳动生产率，增加了产品的技术附加值，从而为公司创造了超额利润。通过运用品牌、商誉等无形资本，公司的产品在市场上可以占有更高的份额，产品的价格更高，从而赚取更丰厚的利润。

无形资本通过质量型的资本增值方式来实现增值。在数量不增加的情况下，无形资本可以不断地积累，具有较高的价值。无形资本不会在使用过程中产生有形磨损，有些反而会在使用过程中自动增值，如品牌资本。随着使用次数的增多，品牌知名度会逐渐提高，产生更大价值。

3. 无形资本是推动公司发展的核心要素

在工业化初期，市场竞争激烈程度有限，推动公司发展的核心要素主要是以机器、设备为代表的有形资本。在这个时期，有形资本在公司生产经营中处于支配地位，无形资本处于辅助地位。

随着科学技术的飞速发展以及经济市场化、全球化程度不断提高，市场竞争的激烈程度也随之提高，公司之间竞争的重心逐渐由生产环节转移到产品开发和销售环节，对产品开发能力和销售能力具有决定性作用的无形资本，也开始从有形资本中独立出来，成为推动公司发展的新的核心要素。

如今正处于知识经济时代，一个公司未来的发展和竞争力，往往取决于无形资本的质和量，以及经营、管理无形资本的能力。开发、使用无形资本，既能缓解公司发展给资源和环境带来的巨大压力，也能有效拓展公司未来的发展空间。

1.2 资本思维是公司的财富

资本思维是一种重要的经济思维方式。资本思维的精髓在于对结构的重组，通过对资源进行时间和空间上的调整，产生增值的效果，从而创造更多的财富。

1.2.1 企业家的思维有什么特性

企业家作为企业管理者，运用自己的智力、能力和精力经营、管理公司，从而创造经济效益和社会效益。在不断变化的经济环境下，企业家的思维不仅要有追求卓越、超越自我的特征，还应具有以下六大特性，如图1-1所示。

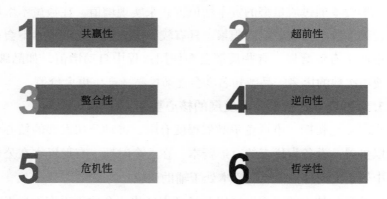

图 1-1 企业家思维的六大特性

1. 共赢性

企业家不能孤立地从自身利益出发去思考公司生存和发展的问题，而是应该力求与同行业、同地域的公司一起做大、做强。企业家应从宏观的视角入手制定发展战略，通过自身的努力，使公司在市场中不断发展壮大。

例如，"好记星"的创始人结合当时电子词典市场中三大主力品牌的名字——好易通、记忆宝和文曲星，创造了"好记星"这一品牌。为了成为英语电子词典以及英语教育行业的领军者，"好记星"的创始人及其团队在开发市场时制定了三个策略：

第一，要把市场总量放大。

第二，要分掉现有其他品牌的部分市场。

第三，要颠覆整个市场格局。

"好记星"团队强化了目标用户的差异化诉求和情感诉求，在央视的黄金时段发布广告，通过电视购物、POP（Point of Production，终端）等渠道进行营销，大幅提高了好记星的销量。同时，好记星销量的快速增长使英语电子词典市场快速升温，不仅带动了电子词典老品牌的销量，也催生了很多新品牌。

任何公司都无法独占市场，公司与其将精力、财力都用于参与竞争，不如想办法将市场扩大，这样市场中的公司都能获得更好的发展。

2. 超前性

超前性就是要立足现在、放眼未来，对公司、行业乃至社会未来的发展趋势进行预测和思考，分析、判断趋势的科学性并思考采取何种策略。

比尔·盖茨能够获得成功，很大程度上是因为其思维具有超前性。他之所以选择从哈佛退学并全身心投入微软公司的创建中，是因为他在杂志上看到当时的一位科学家对未来的预测——计算机会出现在每个家庭或办公室中。因此，比尔·盖茨开始研发个人计算机软件。比尔·盖茨对个人计算机未来发展的远见为软件产业的发展做出了巨大贡献，微软也因此成为科技界的巨头公司。

随着科技不断发展，社会变得越来越复杂，缺乏超前思维的企业家随时都可能被社会淘汰。超前思维不是凭空想象，而是建立在丰富的知识、经验、信息积累以及超高思维水平基础上的综合判断和想象。有了综合判断和想象，企业家心中就有了方向和目标，能够指引公司朝着正确的方向发展。

3. 整合性

整合性是一种能够将不同的资源、信息整合，使其成为一个有机整体的思维特性。企业家在制定经营策略时，要同时考虑到公司内部已有的资源和外部潜在的资源，将内外资源有机整合在一起，发挥更好的效用。

企业家不能简单地把整合思维看作"1+1"或"1+N"，而应在公司已有资源和外部潜在资源之间寻找不同利益者的共同利益点。当提供资源的双方或多方的利益相对平衡，才能够实现彼此间资源的协同共享。公司内外部资源的协同共享能够提高资源的利用率和公司的竞争力，推动公司实现可持续发展。

4. 逆向性

逆向性是指企业家思考问题时，不能基于常规、习惯性的思维，而应探索一条反常规、超常规的路径，从而发现新机遇。

李嘉诚和巴菲特都是世界著名的投资家，出生在中国的李嘉诚受中国传统文化的熏陶，出生在美国的巴菲特受美国文化的影响，但他们的投资思维却有共通之处，即都运用逆向思维进行投资。李嘉诚认为，要在所有人都冲进去时出来，在所有人都出来时冲进去。巴菲特则表示，要在别人贪婪的时候感到恐惧，在别人恐惧的时候变得贪婪。

5. 危机性

企业家往往居安思危，在公司发展顺利或取得成就时，不沉溺于成功的喜悦，而是敏锐地发现可能出现的问题，以确保公司长久、稳健的发展。危机思维能够使企业家时刻保持头脑清醒。微软的联合创始人比尔·盖茨经常表示微软距离破产永远只有 18 个月，海尔集团创始人张瑞敏时刻提醒自己要永远战战兢兢、如履薄冰。

这些企业家正是因为具有危机思维，才能在众人沉浸在成功的喜悦中时依然保持清醒。在瞬息万变的新时代，企业家必须将危机意识转变成一种思维习惯，这样才能让公司基业长青。

6. 哲学性

哲学性是企业家积极探索公司经营发展规律的一种思维特性。通过运用归纳与演绎、综合与分析等哲学思维，企业家可以将自己经营管理公司的经验归纳为一种规律性认识，使之成为能够指导公司经营的理论知识。

很多成功的企业家都是在正确的哲学思维的指导下才取得了骄人的成绩。他们往往善于发现和运用规律，并且会将自己在经营公司过程中发现的规律性认识归纳总结起来，形成一套独特的方法论。

1.2.2 如何培养资本思维

当前，商业竞争已经不再单纯是技术和经营方面的竞争，而是逐渐演变为资本的竞争。公司想要在竞争中取胜，就要从杠杆思维、市值思维、协同思维三个方面来培养资本思维。

1. 杠杆思维

杠杆思维也可以称作负债经营思维，指的是用小资本撬动大资本，实现收益最大化。杠杆思维可以帮助公司弥补自身的资金缺陷，抢占市场先机，获取更多收益。

例如，某个项目的净利润率为 20%，企业家投入自有资本 1000 万元就能获得 200 万元的净利润。假设举债的利息率是 10%，那么企业家借入 4000 万元就需要支付 400 万元的利息。将借入的 4000 万元与自有资本 1000 万元投入项目中，企业家就能获得 1000 万元的收益，减去需要支付的利息后，企业家能够获得 600 万元的净利润。相较于举债前的 200 万元净利润，企业家的"加杠杆"行为能够使其多获得 400 万元的收益。

使用杠杆思维时，企业家要懂得权衡，如果经营利润比负债成本高，就可以增加负债的比重；如果经营利润比负债成本低，则应避免增加负债。如果出现负债过多、无力偿还的情况，会直接导致公司的现金流断裂。

2. 市值思维

市值思维指的是基于公司的资本价值促进公司扩张，公司的上市运作是市值思维的具体表现。

很多企业家用公司的总资产减去总负债后，将剩余的资产净值的价值看作公司的价值。事实上这并不准确。假设一家上市公司的净资产为 5000 万元，每年的净利润达 1500 万元，按照 10 倍的市盈率计算，这家公司的总市值可以达到净利润的 10 倍，即 1.5 亿元。

市值代表的是公司未来的赚钱能力，任何企业家都不能轻视公司的资本价值。

3. 协同思维

协同思维是一种更高层次的资本运作思维，有助于实现各业务间金融资源的调配、内部融资等。

成功的公司有一个共同的特点：公司总部掌控金融资源内部配置的权

力。公司总部通过组合不同业务，对现金流和投资进行重新分配，从而使公司的资本运作效率高于资本市场的资本运作效率。

例如，通用电气公司走的是多元化投资的道路。如果多元化投资失败，只会影响到投资者的投资收益，而不会对投资控股公司的现金流产生很大影响。

在商业竞争越发激烈的今天，企业家只有将杠杆思维、市值思维和协同思维合理运用到公司运营中，树立资本思维，才能助力公司在资本市场中占据一席之地。

1.3　关于资本运作的三大关键点

资本运作是一种利用市场法则，通过资本的科学运动或其自身的技巧性运作，实现价值增值和效益增长的经营方式。资本运作的核心理念是将收集起来的零散资金按照一定比例重新分配，从而让一部分人能够快速富起来，让大多数人都能赚到钱。

简而言之，资本运作就是利用资本市场，采用一定的诀窍和手段，通过买卖公司、资产而赚取收益的经营活动。资本运作的方式包括发行股票、债券，公司合并、收购、分立，风险投资，资产重组等。关于资本运作，我们还要了解其三大关键点，即资本运作的意义、特征、资本运作与公司经营的区别。

1.3.1　资本运作是实现增长的捷径

资本运作着重于与资本相关的活动，如资本结构调整、资金优化等。在资本运作过程中，公司通过买卖股权、资本等成功转型升级，实现效益增长。资本运作是公司加速发展的必由之路。

公司想要快速发展，就需要更多资本的支持。资本可以促进公司发展，公司发展又反过来促进资本增长。资本运作和公司发展融合，将形成一种协同发展机制，即资本与公司相互作用，实现效益最大化。

公司进行资本运作的最终目的是获得更大的利润，而公司往往凭借推出的产品和服务实现盈利。公司按照不同的比例生产各类产品，形成了公司的产品结构。资本运作可以帮助公司优化产品结构，使公司的优势产品创造出更大的价值，提高公司的经济效益。

资本运作还可以提高公司的价值。公司是创造价值并推动价值实现的主体，公司创造价值过程中的每一个环节实质上都是在进行资本运作。在竞争日益激烈的市场环境下，公司管理者必须关注公司经营活动中的每一个环节，将每一种资源或要素都看作能够提升公司价值的活资本，最大限度地进行资本运作以实现资本增值。

随着市场经济的发展，资本运作对公司发展产生的影响越来越大，能够帮助公司在激烈的市场竞争中占据有利地位。

1.3.2　特征：流动性 + 增长性 + 不确定性

资本运作与商品经营、资产经营联系紧密，同时拥有自己独特的特征。具体而言，资本运作具有以下三大特征。

1. 流动性

资本是能够创造、带来新增价值的价值附着物，如果被闲置，就变成了一种损失。资本运作的重点就在于运动，一定量的资本在不同时间具有不同的价值，这是资本的时间价值。例如，当下的一定量资本，会比未来的同量资本价值更高。

2. 增长性

资本运作的本质要求和内在特征就是要实现资本的增长。资本的流动与重组就是为了使资本能够实现最大化增长。公司的资本运作指的是资本参与公司的再生产，并不断促使再生产发生形式上的变化。资本参与产品价值形成过程，将劳动者的劳动和生产资料物化劳动结合在一起，实现资本的增值。

3. 不确定性

投资是风险与利益并存的活动。公司管理者在进行资本运作决策时，必须考虑到资本的增值和可能存在的风险，立足公司的长远发展，尽可能分散经营风险，同时还要尽可能吸收其他的资本参股。

1.3.3 资本运作 VS 公司经营

公司经营是一种以公司为载体，以获取最大物质利益为目的，尽可能地消耗最少的资源创造出满足消费者多种需求的产品的经济活动。

资本运作和公司经营分别适用于公司的不同发展阶段。公司经营贯穿一家公司从注册到发展壮大的全过程，资本运作则适用于公司发展到一定规模，有投资者介入公司的后期发展阶段。二者具有共同点，如都追求利润最大化，但也存在许多不同之处，主要表现在以下几个方面，如图 1–2 所示。

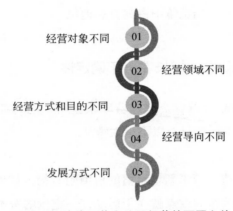

经营对象不同　01

02　经营领域不同

经营方式和目的不同　03

04　经营导向不同

发展方式不同　05

图 1–2　资本运作和公司经营的不同之处

1. 经营对象不同

资本运作的对象主要是公司的资本，侧重于公司经营过程的价值方面，追求价值增值。而公司经营的对象则是市场，侧重的是公司与外部环境的协调，以实现动态平衡。

2. 经营领域不同

资本运作主要是在资本市场上进行的，包括证券市场、产权交易市场等。而公司经营涉及生产、销售、财务、人力资源开发等领域。

3. 经营方式和目的不同

公司经营就是以最少的物质消耗创造尽可能多的利润，目的是盈利。资本运作则是通过产权的流动和重组，使资本运营的效率和效益得到提升。

4. 经营导向不同

资本运作受限于资本市场和资本回报率。公司经营以市场为导向，主要受到公司自身的性质和市场环境的限制。

5. 发展方式不同

公司经营主要依赖公司自身的资源来创造利润，并将这些利润转化为资本，从而增加生产要素，提升生产能力，使公司获得发展。而资本运作在注重公司的内部积累的同时，还可以通过资本外部扩张的方式，帮助公司快速发展壮大。

资本运作和公司经营是相辅相成的两个方面。公司经营作为公司运作的基本形式，是公司进行资本运作的基础。资本运作能够帮助公司扩大市场份额，提升效益，降低经营风险。公司应当将资本运作和公司经营有机结合起来，以实现更加长久、稳定的发展。

1.4 资本裂变：资本运作的终极目标

在资本运作过程中，资本会实现增值或活化，分解为多个资本，静态资本会转化为可流动的资本，这些都是资本裂变的表现。资本裂变是资本运作的终极目标，可以实现资本结构的优化，推动公司借助资本的力量实现腾飞。

1.4.1 资本裂变的多种形式

资本裂变可以给资本提供一个新的增值契机。当公司规模扩大，资本规模实现增长后，公司可以通过合理的资本配置和管理策略，让资本流向利润最高的部门，并通过组织形式上的调整来优化资本运作，使资本总量实现进一步增长，激发公司活力。

资本裂变包含资本扩张的概念，同时也包含资本扩张后的多种裂变行为。因此，我们可以从扩张与裂变这两个层面，解析资本裂变的形式。

1. 扩张层面

扩张层面指的是基于现有的资本结构，通过内部积累、兼并和收购等方式，扩大公司资本规模。根据产权流动的不同路径，资本裂变可以分为以下三种类型。

（1）横向型资本裂变。这种资本裂变形式指的是交易双方处于同一产业，产品相同或相似，为了扩大经营规模而进行的产权交易。这种方式可以有效提升公司的市场影响力，改善产业结构。

（2）纵向型资本裂变。这种资本裂变形式通常发生在不同行业的公司之间，交易的双方往往存在直接投入产出关系。通过纵向资本裂变，公司可以实现对关键性投入产出关系的控制，提高对市场的控制力。

（3）混合型资本裂变。这种资本裂变形式指的是没有直接投入产出关系或没有技术经济联系的公司之间进行的产权交易。其能够帮助公司分散经营风险，提高公司对经营环境的适应能力。

2. 裂变层面

从裂变层面来看，资本裂变可以根据裂变路径的不同分为以下两种形式。

（1）基于专业分工进行资本裂变。指的是公司在实现资本积累后，通过专业化分工，基于母公司裂变出不同专业的子公司。这些子公司经过发展，可以逐步成长为高度专业化的公司。

（2）基于不同产业实现产业分裂。在公司资本运营和资本扩张的过程中，公司的每款产品都随着资本的扩张而逐步成长为独立产业。在这种情况下，公司可以通过资本裂变将这些产业分开，以促进各产业的快速发展。

总之，资本裂变的形式是多样的，公司可以通过资本扩张衍生出新的资本，也可以通过直接裂变实现资本的分割与重组。

1.4.2 影响资本裂变的 N 个关键点

风险与利润成正比，在资本裂变的过程中，公司必须把握以下几个关键点。

1. "数一数二"原则

资本裂变会打破单一的产品经营格局或产业格局，出现多个产品或产业之间相互促进、共同发展的局面。因此，公司必须明确自己的主导产品和主导产业，注重它们的发展，使其成为公司其他产品或产业的支撑，这样公司才能获得长期发展。

2. 选择进入行业

资本进入行业要遵循"内评外估"的原则。"内评"指的是公司要认真测评自己的优势所在，围绕自身的核心竞争力进行资本裂变，选择进入有竞争优势的行业。"外估"指的是公司要对行业内的竞争对手进行分析，选择进入门槛较低、竞争对手较弱的行业。

同时，在行业选择上，公司还要考虑选择进入的新行业是否有利于发挥不同业务的协同效应，实现更好的销售协同、运营协同等。围绕协同效应拓展业务，更能发挥资本裂变的优势，使公司获得规模效应。例如，某服装制造公司在规划资本裂变路径时，选择进入面料行业，这使得其旗下的服装制造业务与纺织业务产生了很好的协同效应。

3. 专业经营，科学管理

如果跨行经营，公司就必须有一个合适的领导者和团队，并将所有权和经营权分开。不同产品及产业都有其自身的发展规律和前景，它们对经营管理和市场开拓的需求是不同的。只有遵循产业发展规律和前景趋势进行专业的跨行业经营，才能更好地实现资本裂变。

4. 资本实力支撑

具备融资能力是公司进行资本裂变的前提条件。公司需要有意识地培养主动搭建资金平台的习惯，而不是被动地筹措资金。公司需要从"事事找银行"转变为积极利用融资工具，主动拓宽融资渠道。

第 2 章

战略制定：
运筹帷幄方能决胜千里

公司能够成功进行资本运作的前提是制定出合适的资本运作战略。在正确战略的指引下，资本运作才能够取得理想的成效。

战略能够使公司明确做什么与不做什么，集中资源进行资本运作。在激烈的市场竞争下，公司要制定合适的战略，即明确进入哪一条赛道、做什么、怎么做、如何赚钱等。只有公司的战略正确，资本运作才能达到事半功倍的效果。

2.1　资本运作需要战略指导

公司的资本运作需要有效的战略进行指导。当前，在越来越成熟的资本市场中，更高质量的以战略为导向的资本运作成为主流。在战略的指导下，公司进行资本运作更容易获得超额回报。

2.1.1　以战略为导向的资本运作成为主流

在当前的资本市场中，资本回归价值创造成为一种趋势。在这种趋势下，以战略为导向的资本运作成为主流，战略型并购、战略型投资成为资本运作的主要形式。

随着资本市场的成熟，资本市场的参与者变得更加的成熟和专业。资本市场的高质量发展对资本运作提出了更高的要求，促使资本运作更加专业化、规范化。高效的资本运作都有完善的战略，其资本布局都十分的精巧。

以战略为导向的资本运作的所有资本布局都围绕公司整体战略而展开，即基于公司整体战略拆分资本运作战略，再进行精细化的资本布局。而合适的资本运作战略能够体现出公司整体战略演进的路径和规律，能够把握公司发展的节奏，能够体现出公司的商业运作能力、现金流创造能力。

从类型上看，以战略为导向的资本运作包含多种类型，只要是聚焦商业价值和资本价值进行的资本运作，都可以称为以战略为导向的资本运作，如战略型投资、战略型并购、战略型产业布局等。

例如，很多上市公司、集团公司在战略型产业布局方面都做得很好。这些公司会围绕某一个产业，聚焦产业生态打造并进行一系列的产业资本布局。通过对产业上下游公司的投资、并购，公司能够搭建起完善的产业生态，在领域内的竞争力会大幅提升。

未来，随着资本市场的发展、市场竞争的加剧，高质量的资本运作将变得越来越重要。在很长一段时间里，更加科学的以战略为导向的资本运作将成为主流，市场中将诞生新的资本巨头。

2.1.2　战略指导资本运作获得超额回报

超额回报也称超额收益，指的是从证券或投资组合中获得的回报超过了风险水平相当的指数或基准的收益，常用来衡量投资组合或基金经理运作资本的能力。根据国内的通常定义，在市场有效的情况下，不存在超额回报。

以战略为导向的资本运作能够让资本运作更加合理、高效，助力公司获得超额回报。公司应如何通过资本运作获得超额回报？可以从以下几个方面着手。

1. 投资困境反转类公司

想要实现投资收益最大化，投资困境反转类公司是一条途径。例如，舍得酒业因为大股东的变更，成功实现了困境反转，一年内收益增长 10 倍。但买入这类公司的股票的时机很重要，公司管理者必须实时跟踪才能有机会找到最佳的买入点。

2. 逆势投资

很多投资高手都很擅长使用的一种手段是逆势投资。逆势投资存在两种情况：一种是整个行业出现危机，导致相关的公司股价持续走低，给逆势投资创造了条件；另一种是行业内的某公司突发事故，股价大幅下跌，这也是逆势投资的机会。

逆势投资需要投资者对相关行业和行业内的公司进行大量的前期研究，形成清醒的认知，这样才能及时抓住机会。

3. 选择有核心竞争力的小公司

公司在进行资本运作时可以选择投资有核心竞争力的小公司，这些小公司未来增长潜力巨大，公司有望获得超额回报。

例如，微软投资人工智能研究公司 OpenAI 就是一个成功的案例。OpenAI 成立于 2015 年，是一家拥有行业领先人工智能研发技术的高科技公司。2019 年，微软与 OpenAI 达成合作，向其投资 10 亿美元。2022 年 11 月，OpenAI 成功推出聊天机器人程序 ChatGPT，实现了快速成长。

2022 年，OpenAI 的年收入为 2800 万美元，而在推出 ChatGPT 后，其营收实现了暴涨。2023 年 8 月，The Information 报道指出：OpenAI 当前的月收入超过 8000 万美元，未来 12 个月，OpenAI 的收入有望突破 10 亿美元。

OpenAI 的迅猛发展为其背后的投资者微软带来了超额回报。作为投资者，微软获得 OpenAI 一部分比例的收益。此外，微软将 ChatGPT 引入旗下应用，增加了新的收费项目，这将在未来为微软带来高额收益。

OpenAI 的发展壮大，与其处于人工智能这一高速发展的行业密切相关，而微软因为投资 OpenAI，获得了超额回报。

4. 买入行业 ETF

还有一种获取超额收益的方法，就是在某个行业出现了高确定性投资机会时集中买入这个行业的 ETF（Exchange Traded Fund，交易型开放式指数基金）。买入 ETF 可以规避由于选股不慎产生的偏差，操作起来十分简单，成功率很高。

2.2　影响资本运作战略制定的四大因素

怎样制定合适的资本运作战略？公司需要了解影响资本运作战略制定的四大因素，选择好赛道和商业模式，打造好团队和公司文化，这样公司才能够吸引投资者的注意，进而获得资本。

2.2.1　选择一个好赛道：吸引资本的关键点

赛道是行业中的某个领域或方向。营销学认为，公司成败取决于是否有一个好赛道。公司选择赛道就像我们选择人生的方向，方向错误，再怎么努力也很难取得成功。

事实上，并没有绝对完美的行业，每个行业都有优缺点。而好赛道往往具有以下几个特点。

1. 市场空间足够大

有的行业市场规模巨大，能够容纳上百家上市公司。如果其中任何一家公司能够占据1%的市场份额，就会成为一家大规模的集团公司。例如，生鲜行业受到资本青睐的原因是其拥有万亿元级别的市场规模，只要公司拥有一定的实力，就能得到很好的发展。

投资者在做出投资决策之前，最先考虑的就是行业的市场规模。如果市场规模很小，投资者很可能会放弃投资。

2. 行业复合增长率较高

行业的市场空间是不断变化的，有的行业可能开始的时候只有百亿元级别的市场，但每年都以50%的速度增长，那么这个行业就是一个好赛道。

3. 想象空间大

在互联网行业发展之初，人们难以对其市场空间进行预测。但是由于互联网行业具有极强的可塑性，只要平台的用户足够多，就能衍生出无数盈利方式，因此给了资本巨大的想象空间。

4. 让市场"说话"

很多时候，投资者仅靠对行业的认知是不能做出投资决策的，甚至可能错失一个好赛道。投资者需要借助科学的方法进行市场测试，通过市场表现预测行业的发展前景。

元气森林在正式进入市场之前，为了了解消费者的喜好，专门拿出一笔资金，对创始人研发出的多款产品进行市场测试，根据市场给出的反馈最终确定了需要重点发力的几款产品。

2.2.2 选择好的商业模式：衍生更多新资本

商业模式指的是公司为了满足消费者需求而搭建的系统。这个系统可以组织、管理公司的各种资源，为消费者提供其无法通过自身而只能通过购买得到的产品和服务，使公司具有别人无法复制的或者即便被复制也能占据市场优势地位的特性。

1. 商业模式的作用

商业模式是公司运营的基础，可以帮助公司在市场中获得更多商机，从而提高公司的竞争力和盈利能力。

（1）商业模式可以为公司创造价值。公司为了实现自己的商业目标而采取的一系列商业行为和商业策略的总和就是商业模式。商业模式能够通过提高产品或服务的质量来优化消费者的体验，起到吸引消费者的作用，帮助公司获得更多的市场份额。

（2）商业模式可以帮助公司降低成本。商业模式可以帮助公司优化资源配置和管理流程，使成本得到控制和降低。相应地，公司的盈利能力和竞争力会得到提升。

（3）商业模式可以帮助公司创新。商业模式可以帮助公司挖掘新的商机，并促进产品和服务创新。为了满足消费者不断变化的需求，公司会推出新产品或新服务，进一步提高自身的竞争力和盈利能力。

2. 成功商业模式的特征

成功的商业模式具有以下三个特征。

（1）成功的商业模式能够提供独特的价值。这种独特的价值可能是某种新的思想，但更多的时候，它是产品和服务独特性的组合。这种组合会使客户得到额外的价值，或者以更低的价格获得相同的利益，又或者以相同的价格获得更大的利益。

（2）成功的商业模式是难以被模仿的。每个公司都有自己的优势和与众不同的特点，据此打造的商业模式是具有独特性且难以被模仿的。公司可以通过自身的优势和特点将行业的准入门槛提高，以保证自己的利润来源不被侵占。

（3）成功的商业模式需要脚踏实地。公司要做到量入为出、收支平衡。公司应该了解自己应该从何处赚钱、凭借什么赚钱以及什么样的客户能够为公司带来长久的收益等，这些都是公司发展过程中十分重要的问题。

3. 商业模式与资本运作的关系

商业模式与资本运作关系紧密。资本运作以商业模式为基础，如果没有商业模式，资本运作就像海市蜃楼，虚无缥缈。同时，资本运作又是实现商业模式的重要途径之一。

商业模式是公司赚取利润的途径或方式。创新商业模式可以使公司获得更高的盈收，拥有更大的发展潜力。随着市场竞争逐渐激烈，公司需要通过创新商业模式来突破重围，获得更大的市场份额，吸引更多资本的关注，并推动创新资本形成。

2.2.3　搭建好团队：公司能赚钱的重要保障

公司想要成功进行资本运作，一个重要的保障就是打造一支优秀的团队。优秀的团队能够帮助公司提高整体效能，推动资本运作战略落地并提升公司盈利能力，有助于实现公司的战略目标。

1. 如何打造一支优秀的团队

（1）公司需要建设优秀的团队文化。团队文化能够体现出公司的价值观、目标、管理制度和行为准则等。优秀的团队文化能够有效地指导公司员工彼此合作，树立为团队目标共同努力的意识。公司可以采取教育培训、团队拓展、文化娱乐等方式凝聚员工的力量，规范员工的行为，统一员工的思想，建设符合公司长远发展目标的团队文化。

（2）想要发挥团队文化的作用，就必须培养团队精神。团队精神是大局意识、协作精神和服务精神的集中体现，是一种得到了公司全体员工共同认可的集体意识，展现了公司员工的工作状态和整体士气，体现了全体员工的价值观和理想信念，将公司上下凝聚在一起，是推动公司发展的重要力量。

团队精神高度整合了全体员工的思想、心态，使他们能够在行动上形成默契与互补，做到互相理解、互相学习。团队精神能够不断激发员工的潜能，使他们为了公司的目标而努力工作。

（3）要将团队文化与团队精神应用到实践中。公司可以通过举办文化活动、制定相关制度等方式，帮助员工充分理解团队文化和团队精神的内涵，并将其融入自己的日常工作中，为实现公司的目标而努力。如此，既能提高公司的经营效率，又可以帮助员工实现自身发展。

2. 公司管理者在打造团队过程中需具备的能力

公司管理者在打造优秀团队的过程中起到重要作用，公司管理者必须具备以下三种能力。

（1）培训指导的能力。公司管理者对员工培训工作的用心程度，会直接影响到员工的成长速度，进而影响团队整体的业绩水平。因此，公司管理者必须明确自己的定位，在公司内部搭建一套完整的培训体系，帮助团队更好地成长。

（2）选拔优秀人才的能力。团队中避免不了人员变动，公司管理者在选拔人才时要确保其专业能力、价值观与公司发展愿景、文化是匹配的。此外，公司管理者要建立一个系统的管理体系，以规范员工的行为，提高管理效率，在出现问题时快速反应、及时止损。

（3）逆境破局的能力。公司管理者除了要带领团队在顺境中创造佳绩，还要有能力带领团队在逆境中突出重围。一名优秀的管理者能够在业务出现问题时带领团队解决问题，与团队同甘共苦。只有这样，才能增强团队的凝聚力，并促使员工个人能力提升。

2.2.4　打造优秀公司文化：适合资本增长的氛围

优秀的公司文化能够鼓舞团队士气，加强团队内部沟通，优化团队管理，对公司的资本运作起到重要作用。

一个成功的公司必然具有良好的公司文化。公司在进行资本运作时，公司文化也不可避免地演变，公司管理者要有意识地把握公司文化演变的方向，使公司文化成为公司发展过程中的精神旗帜。

1. 如何把握公司文化演变的方向

公司管理者可以从以下三个方面入手把握公司文化演变的方向。

（1）价值观念整合。资本的介入会给公司带来不同的价值观，对公司的目标、市场形象和员工的考核标准等问题都会提出不同的观点。公司可以以宣传动员的方式，将这些不同的观点整合，形成一种可以适应公司发展的全新的、统一的价值观。如果公司员工的思想认识无法统一，就很难在工作中协同、合作，资源的优化配置也就无法实现。

（2）制度文化整合。公司的制度文化影响着公司整体利益和员工个人利益的平衡。资本介入后，公司应当重新建立一套能够贯彻整合后的公司价值观的规章制度。同时，通过软约束与硬约束并施的方式，使新的公司文化渗透到员工的思想与行为。

（3）物质文化整合。公司的物质文化不但能够强化员工之间的协同，而且能加深员工对公司深层观念文化的理解。商标、建筑、工作环境等物质因素，都承载着公司文化，甚至就是公司文化本身，它们与其他的文化要素一起影响着员工的思想。

2. 如何进行文化方面的重组

资本运作使公司的结构、制度和理念都进行了重组、升级，公司的文化也应如此。公司可以参考以下步骤进行文化方面的重组。

（1）回溯。回溯就是对公司的文化历史进行研究，包括研究其特征、作用。公司管理者只有清醒地认识公司原有的文化，才能在建设新文化时做到有的放矢，每一步都落到实处。研究要从公司表层的物质文化开始，再逐渐深入公司制度文化、行为文化和观念文化等更深的层次。

回溯要深入到员工的日常工作，获取关于公司历史文化的一手资料，也可以沿着公司的发展轨迹探寻公司文化内核。

（2）构想。公司管理者需要对整合后的文化进行初步构想，使其符合时代发展、适应公司生产经营环境。管理者可以从公司的价值观入手，围绕公司精神，确定公司未来的发展目标、制度、文化。从某种程度上来看，这是一种在对原有公司文化深入了解的基础上对其进行的破立。

（3）践行。进行公司文化重组，关键在于立足实际、弥补差距。公司可以通过举办文化仪式、制定新的规章制度和行为规范等形式，将新的公司文化贯彻到实际的生产经营中。公司管理者要树立榜样，发挥其带头作用，同时注意物质激励与精神激励相结合，使公司的文化重组卓有成效。

2.3　资本运作战略制定的流程

在制定资本运作战略时，公司需要遵循一定的流程。公司需要对自身的战略环境进行分析，明确自身的战略处境，再在此基础上选择合适的资本运作手段，最后推进战略的执行。

2.3.1　分析公司战略环境

在制定资本运作战略之前，公司需要对自身的战略环境进行分析，以便对自身情况有一个全面的了解。在这方面，公司可以从外部与内部两个方面分析自身战略环境。

1. 外部环境分析

外部环境分析主要包括宏观环境分析、产业环境分析、竞争环境分析三个方面。

（1）宏观环境分析。公司需要分析当前的宏观政治环境、经济环境、文化环境等，明确当前是不是进行资本运作的好时机。例如，经济呈上行趋势，则有利于公司进行资本扩张。

（2）产业环境分析。公司需要分析自身的发展阶段、当前产业的发展特点等，明确进行资本运作需要拥有怎样的实力。例如，产业环境向好，且先进技术备受关注，公司就可以凭借自身技术优势进行融资。

（3）竞争环境分析。公司需要明确自身在竞争格局中所处的位置，并分析适宜进行资本运作的时机。如果当前环境下竞争对手的资本运作活动进行得并不顺利，那么公司可以等待其他时机。

2. 内部环境分析

内部环境分析指的是公司需要对自身的资源和能力进行分析，明确自身的资源优势与劣势、能力优势与劣势，然后思考未来资本运作的方向。例如，公司当前的现金流较为充足，且营收稳定，就可以通过投资的方式进行扩张；公司在资金方面存在优势，但在先进技术方面较为落后，就可以通过并购其他高科技公司来提升自己的技术实力。

2.3.2　选择合适的手段

在对公司战略环境进行分析后，公司就可以在此基础上选择合适的资本运作手段。具体来说，资本运作手段主要包括以下三种方式。

1. 投资

投资是公司进行资本运作的一种重要手段。公司可以通过股权投资、债券投资等方式获得新技术、新业务、新的市场机会，提高自身竞争力。在投资前，公司需要明确自身定位与战略需求，以便选择合适的投资对象。同时，公司需要对投资风险与收益进行分析，以做出科学的投资决策。

2. 融资

融资也是公司进行资本运作的一种重要手段。公司可以通过股权融资、债权融资等方式获得资金，用于发展新业务、财务调整、公司扩张等。在进行融资决策时，公司需要考虑自身财务状况、市场环境等，以确定资金需求。同时，在融资时，公司也需要对其风险进行评估，保证融资决策的科学性和合理性。

3. 并购

并购是一种常见的资本运作手段。通过并购，公司可以整合资源，实现规模化发展，获得更多的市场份额，提升核心竞争力。在并购方式上，公司可以选择股权并购、业务并购等。在并购过程中，公司需要做好尽职调查，评估被并购对象的价值与并购的风险，在此基础上制订合适的并购计划，保证并购的成功。

在资本运作手段的选择上，公司需要遵循战略匹配原则，即保证资本运作手段符合公司发展的整体战略。同时，公司需要避免盲目追求短期利益，而应以长期发展为导向。

2.3.3　推进战略执行

在对自身的战略环境进行分析、选择好合适的资本运作手段后，公司就可以推进战略的实施。

对于公司来说，有一个好的战略固然重要，但战略的执行才是关键。资本运作的成败取决于是否能将资本运作战略执行到位。

"一将无能，累死三军。"孙子之所以能够成为"兵圣"，不仅是因为他谋略过人，还因为他擅长练兵，可以成功训练出一支能够准确执行自己战术的队伍。

战略执行力可以确保每一个员工都能将注意力集中在关键问题上，成为推动公司发展的原动力，使公司朝着正确的方向前进。

公司想要提高战略执行力，需要做到以下四点。

1. 召开高层团队共识会议

高层管理者能够充分理解战略是提高战略执行力的关键。如果高层管理者不清楚执行的任务与公司资本运作战略之间的关系，不明白为什么要这样执行，而只是盲目地被动执行，就会在执行战略的过程中缺少主动性。公司可以通过召开高层团队共识会议，让高层团队中的每个人都能理解自己的工作任务，清楚应该如何推动公司战略目标的实现，让战略执行更高效。

2. 层层分解

高效的战略执行力体现在各层级员工的日常工作上。公司要将战略层层分解至各级岗位，使之与员工的日常工作挂钩。管理者安排给员工的工作必须是合理且必要的，避免员工浪费时间和精力做"无用功"，让员工的工作能推动战略目标实现。只有各级管理者将战略目标分解并明确传达给员工，才能提高整体的战略执行力。

3. 责任到人

公司可以将执行力作为员工考核指标之一：无论是管理者还是普通员工，都是战略执行的主体，都要对战略目标负责。高层管理者一定要起到带头作用，这样战略目标才能得到全体员工的重视，聚集整个公司的能量。

4. 回顾与提升

及时复盘并探讨改进措施是很多公司在战略执行过程中容易忽略的一个重要环节。只有及时解决执行过程中遇到的阻碍和困难，才能保证战略执行的质量和速度。

2.4　战略目标：实现资本架构优化

资本运作的战略目标是实现资本结构优化，进而提高公司的竞争力和公司价值。资本架构在很大程度上决定了公司的偿债能力、再融资能力以及未来盈利能力，是一项用来判断公司财务状况的重要指标。合理的资本架构可以起到降低融资成本的作用，帮助公司获得更高的自有资本收益率。

2.4.1 组成部分：股权资本＋债务资本＋其他资本

资本架构是指公司中各种资本的价值构成以及它们之间的比例关系，反映了公司债务与股权之间的比例关系，是公司在一定时期内筹资组合的结果。资本架构由股权资本、债务资本和其他资本组成。

1. 股权资本

股权资本即自有资本，与借入资本的概念相对应。股权资本是公司在生产经营活动中可以持有、自行分配，并且无须偿还的资金。在公司的生产经营中，凡是由于结算时间方面的客观原因导致应付款被占用，包括应付税金、应交利润等定额负债，一律被视作公司自有流动资金参与周转。

由于有着不同的生产资料所有制形式以及财务管理体制，因此不同的公司有着不同的获取股权资本的渠道。

全民所有制公司的股权资本一部分来自财政拨款和无偿调入的固定资产，一部分来自公司的内部积累，还有一部分来自定额负债。集体所有制公司的股权资本主要来自劳动群众投入的股金以及公司内部积累产生的公积金、公益金等各项专用基金。

2. 债务资本

债务资本指的是债权人向公司提供的长期和短期贷款，但不包括商业信用负债，如应付账款、应付票据等。债务资本分为债券和资本票据两类。

从投资者的角度来说，相较于债务资本，股权资本的风险更大，收益率和成本更高。因此，公司通常会在一定的限度内将债务资本的筹资比例适当提高，以达到降低公司综合资本成本的目的。

债务资本具有以下三个特点。

（1）债务资本要求还本付息的现金流出期限结构是固定、明确的，且法律责任是清晰的。

（2）债务资本的收益固定，公司通过高风险投资获得的超额回报不能与债权人分享。

（3）因为债务利息在税前支付，所以在账面盈利的情况下，可以减轻公司的财务负担。

3. 其他资本

除了股权资本和债务资本以外，构成资本架构的还有股票资本。股票资本就是公司以发行股票的方式获得的资本，也是公司的基础资本和所有者权益。股票资本分为普通股和优先股两种。普通股是指公司的基础股份，持有者享有分红权和投票权。持有优先股的股东享有优先分红权，但没有投票权。

2.4.2　影响资本架构的三大要素

公司搭建资本架构能够最大限度地积累财富，使公司价值最大化，确保资产可以适当地流动。公司的资本架构受以下三大要素影响。

1. 公司规模

公司规模的大小决定了公司的资本规模的大小，同时也决定了公司的资本架构。一般情况下，规模较大的公司倾向于多元化或者纵向、横向一体化经营。

多元化经营能够帮助公司有效地分散风险，保证现金流稳定；受财务状况影响较小，公司破产的风险得以降低，在一定程度上能够承受更多负债。

纵向一体化经营能够帮助公司节约交易成本，提升公司的整体经营效益水平，同时提高公司的负债能力和内部融资能力。采用纵向一体化经营的公司其规模和负债水平之间的关系往往难以确定。

由于公司规模的扩张会使产品的市场占有率提高，因此采用横向一体化经营的方式会使公司获得稳定的高收益。

2. 行业的竞争程度

在宏观的经济环境下，不同公司所处行业不同，所以很难对它们的负债水平进行比较。通常来说，如果公司处于竞争程度较低的行业如自来水、电力、天然气等行业，或者在行业内拥有垄断地位，有稳定增长的利润，几乎不存在破产风险，就可以适当提高负债水平。

相反，如果公司处于竞争程度较高的行业，如电子、化工等行业，由市场决定销售，利润率呈现降低的趋势，那么公司的负债水平就应低一些，这样才能保证财务状况稳定。

3. 税收机制

公司的筹资行为在一定程度上受到税收机制的影响。税收机制引导公司选择更符合自身利益的筹资方式，有助于公司优化资本架构。公司债务的利息依法可以计入成本，在缴纳所得税前扣除由于"税收挡板"效应，公司的市场价值会随着财务杠杆的提高而提高。因此，边际税率较高的公司可以通过合理负债获得更多收益，使公司的价值得到提高。

2.4.3　如何确定一个合理的资本架构

公司怎样确定一个合理的资本架构？可以从以下四个方面着手。

1. 财务杠杆比率

财务杠杆比率是一种用来衡量公司通过债务来融资的程度指标，通常使用负债与股东权益的比率来计算。如果财务杠杆比率过高，就意味着公司的财务风险和财务成本很高；如果比率过低，公司就可能错失以较低成本融资的机会。

合理的资本架构能够使财务杠杆比率处于适当的范围内，公司应根据行业的特点和自身经营情况来确定合理的比率。

2. 债务水平

债务水平是评估公司财务风险的重要指标，通过债务与资产总额的比率进行计算。过高的债务水平可能会增加公司的财务风险，而过低的债务水平可能会使公司错失以较低成本融资的机会。通常来说，行业和公司的经营特点决定了公司债务水平的合理范围。

3. 财务成本

财务成本是公司融资过程中所产生的成本，主要包括股权成本和债务成本，对公司的资本架构和财务杠杆具有一定影响。财务成本过高可能会使公司面临更高的财务风险，融资成本也会更高；财务成本过低会导致资本架构不平衡。因此，公司若要选择符合自身经营战略和市场环境的资本架构，必须确定合理的财务成本。

4. 公司价值

公司资本架构是否合理可以通过公司价值得到体现。合理的资本架构能提高公司的价值，如果公司的盈利能力和发展潜力降低，公司价值也随之降低，就表示资本架构不合理。

在通过以上四个方面确定合理的资本架构时，公司还要注意，以上各方面都必须结合具体情况进行分析。不同的行业和公司有不同的融资倾向。例如，一些行业中的公司倾向于进行债务融资，而一些行业中的公司则更倾向于进行股权融资。

例如，苹果公司的资本架构以股权资本为主，债务资本较少。之所以选择这种资本架构，是由苹果公司自身的经营特点和所处的市场环境决定的。具体而言，由于具有较高的稳定性和较强的盈利能力，能够给股东带来较高的回报，因此苹果公司选择比较保守的资本架构，以降低公司的财务风险和财务成本。

第 3 章

现金流管理：
牢牢把握资本运作节奏

现金流是公司进行资本运作的基础。公司有充足的现金流和较强的资金循环能力，能够为资本运作提供坚实的后盾。要想实现科学的资本运作，公司需要做好现金流管理，牢牢把握资本运作的节奏，规避运营风险。

3.1　全生命周期的现金流设计

公司进行资本运作的起点是筹钱，而筹钱的基础是对公司未来现金流的预测。知道自己在不同发展阶段需要多少资金，公司才能够有的放矢地开始自己的筹钱之路。因此，在不同生命周期，公司都需要做好现金流设计，以实现科学、高效的资本运作。

公司的生命周期是指公司诞生、成长、壮大、衰退、死亡的过程。一般情况下，公司的发展可以分为四个阶段：种子期、成长期、成熟期和衰退期。处于不同阶段的公司对现金流的设计各有不同。

3.1.1　种子期的现金流设计

公司创立初期被称为种子期。在这一阶段，公司的投资活动频繁，且用于投资活动的现金流远大于经营活动所产生的现金流。

在这一阶段，资本是推动公司经济增长的重要力量，公司资本运作的重点在于吸引资本的流入以及对资本进行合理运用，以推进业务发展，提升竞争力，实现发展目标。

在种子期，公司财务管理的重点在于筹集公司发展所需的资金，降低财务风险。为此，公司需要根据当前投资项目产生现金流的能力和效率，以及融资成本的高低和风险，对现金流的来源和融资渠道进行严格的筛选。

一般来说，种子期公司的资金来源主要包括以下几种。

（1）天使投资：个人投资者或机构投资者为公司提供的种子资金，特点是额度较小。

（2）私募股权：往往由专业机构与投资者共同出资。投资者通常会要求在公司管理上具有一定主动权，是一种较为强势的投资方式。

（3）商业贷款：公司可以从银行或其他金融机构申请商业贷款，为资本运作筹集资金。

由于种子期的公司处于创业阶段，知名度不高，但经营风险非常高，因此一些金融机构往往不愿意给公司提供贷款。公司在这一阶段通常会采用低财务风险的筹资策略，如通过吸收权益资本来筹资。公司现阶段筹资活动的现金流基本来自吸收权益性投资，而很少有通过举债获得的资金。

另外，公司在筹资过程中应该根据现金流的变化情况，提前制订财务计划和现金预算。公司应该合理调度资金，以提高资金使用效率，尽量减少预算外的支出。同时，公司还应该将筹集到的资金用于生产、设计以及市场推广等方面，以维持正常运营和发展。

3.1.2 成长期的现金流设计

成长期是公司发展最迅猛的阶段。在这一阶段，公司刚被市场认识，推出的产品逐渐进入消费者的视野，市场占有率也在不断提高。成长期公司资本运作的重点是提升收益。具体来说，公司需要通过合理安排资本配置，实现资本的最大化利用，进而实现快速成长。

在成长期，公司出于生产经营的需要必须快速扩张。而现实中，即便公司有很多的销量和应收账款，实际收到的资金却并不多，也就没有足够的资金支撑公司进一步扩张，公司对资金的需求不断增加。

在成长期阶段，公司可能会出现两种情况。

第一种情况：公司的生产经营活动基本正常，现金流量净额不多，但是正数。虽然销售产品和提供劳务产生的现金流在逐年增长，但公司对折旧、摊销和应计费用的依赖十分严重。当公司需要扩大投资时，经营活动所产生的现金流不能满足投资活动的需要，需要通过筹资引入更多的现金流。

此时，公司的财务管理重点是增加经营活动产生的现金流量净额，然后根据公司所需的资金多少以及财务风险大小，选择合适的筹资渠道，筹集更多资金。

第二种情况：公司的生产经营活动产生的现金流量净额为负数，无法维持公司的正常运营。此时，公司需要借助融资来渡过难关，同时还需要找到新的投资项目以改变现状。

当公司在市场上拥有一定地位，发展逐渐稳定之后，公司可以扩大生产规模，以获得更大的市场份额。公司在这一阶段通常面临着市场增长放缓和竞争加剧的挑战。此时，在已经形成一定规模的固定资产的基础上，公司的销售额、利润以及折旧总额不断增加，现金流也随之增加。

在成长期，公司对设备的投资仍在进行，但相对减少了许多，投资活动产生的现金流量净额虽然还有可能出现负值，但公司的净利润、折旧总额等相加通常足以抵偿投资支出，对现金流的影响很小。

此时，公司的财务管理重点在于加强对经营现金流和投资现金流的管理。一方面，公司要强化对经营现金流的管理，从内部加强控制；另一方面，在投资现金流管理方面，公司应聚焦未来的投资收益，对投资过程中的现金流进行科学管理与运作。

3.1.3　成熟期的现金流设计

公司在成熟期的发展要比种子期和成长期稳定许多。在这一阶段，公司的生产经营活动已经相对稳定，生产成本逐渐降低，形成了一定的规模效应和竞争优势，在行业中的地位基本稳定。在这一阶段，公司资本运作的目的是基于资本优势来扩大规模效益，优化资本配置，以实现资本的最大化增值。在现金流方面，现金流流出和通过投资获取收益是主要的现金流活动。

这一阶段的公司具有很强的获利能力，资金在公司内部形成良好的循环，公司对资金的需求比较小。此时，公司的市场占有率较高，经营风险较小，但由于市场需求逐渐饱和，公司的发展空间逐渐变小，无法继续扩大生产。

因为公司在前两个阶段已经购入生产所需的固定资产，所以在成熟期对现金流的需求只要满足日常采购和经营的需要即可。因此，在成熟期，公司可以在满足了基本的生产经营需要后，使部分现金流适当流出，即对一些有前景的公司进行投资，以获取收益。

这一阶段经营的现金流稳定，净流量较大，现金流很充足，折旧和摊销足以覆盖投资支出。在考虑了通货膨胀的情况下，资本性设备的重置成本一般会超出原始账面成本，也就是公司此时处于"负投资"状态。

由于公司在成熟期的现金储备充足，因此这一阶段现金流管理的重点是如何高效地管理现金。公司可以对外进行股权投资，或者将现金转换为有价证券，来获取投资收益，以实现资本的保值或增值。总之，在这一阶段，对外投资是公司主要的资本运作活动。公司通过投资不断扩大资本规模，为后续发展奠定基础。

3.1.4 衰退期的现金流设计

公司进入衰退期，会出现销售额下降、产品缺乏创意、固定消费者流失等问题。处于衰退期的公司通常面临两种结局：如果公司积极转型，顺利进入下一个成长期，就能够继续发展；如果公司墨守成规，就很可能会耗尽所有的资产，最终走向破产。因此，公司在进入衰退期后，必须不断地创新产品来实现自我调整，从而顺利过渡到"再生期"，让自己的生命周期进入新的循环。

在衰退期，公司的资本运作需要采取收缩策略，即尽可能地收回对外投资的资金，为公司之后的发展积蓄力量。在现金流方面，公司的首要任务是维持现有现金流的正常循环。在这一阶段，公司的现金流流动性变差，微薄的净利润和折旧已经无法满足公司再投资的现金需求，公司需要通过增加债务或清理证券、财产等来弥补现金流的不足，或进行大额的筹资活动，以获得现金流。

通常情况下，公司此时应该考虑适时地回笼资金，将一些业绩较差的子公司出售，以避免承担更大的损失。

总之，公司要根据自己所处的发展阶段制订相应的现金流管理规划，并将规划落地，这样才能顺应市场发展规律，得到更好的发展。

3.2　做好现金流管理的要点

要想做好现金流管理，公司需要把握一些要点，如掌握现金流管理的原则、做好现金流流入与流出管理、精准预测未来现金流等。把握这些要点，公司才可以合理规划现金流，实现科学的资本运作。

3.2.1　现金流管理的四大原则

资金是维持公司生存的"血液"，公司的一切活动都离不开资金，包括采购、生产、人员招聘等。现金流是公司长久发展的基础，没有资金的投入就不会有产出，一旦出现现金流断裂的情况，公司将面临倒闭的风险。因此，公司需要高度重视现金流管理，合理规划现金流。具体来说，公司需要掌握现金流管理的四大原则，如图 3-1 所示。

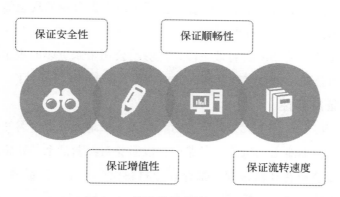

图 3-1　现金流管理的四大原则

1. 保证安全性

公司必须保证现金流的安全性，这样才能维持正常运转，持续创造价值。安全性是现金流管理的一个重要原则，公司可以从以下两个方面入手，来保证现金流的安全性。

（1）法规性安全是基础。公司需要完善现金流管理相关规定，健全公司财务管理责任制，保证公司的所有财务活动合法合规，不能出现挪用资金、虚报冒领等违规行为。

（2）流转性安全是核心。公司需要完善财务流程，保证权限合理、风险可控，保证资金流转安全。在这方面，公司可以借助区块链、云计算等技术搭建信息化平台，对资金流转情况进行实时监控；还需要对资金流转情况进行数据分析、风险评估等，进而保证资金流转安全。

2. 保证增值性

在保证现金流安全性的基础上，公司还需要增强它的增值性，即以最少的资源投入换取最大的回报。

公司可以通过投资实现现金流增值。投资分为固定资产投资和证券投资两类。其中，固定资产投资指的是公司购买某种固定资产，如股权、债权等，以实现现金流增值。这种投资受投资环境、行业壁垒等多种因素的限制。

证券投资指的是公司对有价证券的投资。这种投资活动较为独立，受客观因素影响较小，公司可以根据自己的现金流情况、市场行情等，决定投资目标、投资金额、投资时间等。公司可以根据自身的现金流情况和投资偏好，选择合适的投资模式。

投资是现金流增值的有效手段，能够给公司带来更多的现金流。如果投资没有给公司带来更多现金流，公司就要及时叫停投资项目。

3. 保证顺畅性

在生产经营过程中，公司应按时、保质保量地完成资金筹集、原材料供应等活动，不能出现拖延或者滞后，以避免对经营活动的正常进行产生影响。很多公司在经营过程中都存在原材料供应不足、产品滞销等问题，导致现金流的流动性降低。

之所以出现这种问题，很大程度上是因为管理层的认知错误，认为公司的生产经营链条越长，盈利点就越多。实际上，一旦链条中的某一环节出现问题，就会导致整个链条停滞，影响现金流流转的顺畅性。因此，公司需要合理安排生产经营活动，保证现金流顺畅流转。

4. 保证流转速度

除了保证现金流流转的顺畅性外，公司在进行现金流管理时，也要注意现金流的循环效率和资金周转速度。公司需要通过合理的现金流管理，使现金一直处于流动的状态，提升现金流的循环效率和周转效率，进而提升盈利水平。

在这方面，公司需要规划好以下工作。第一，优化现金收入。公司需要加强应收账款管理，及时追款，提高账款回收率。第二，强化现金支出管控。公司需要强化供应商管理，降低采购成本，同时需要控制其他固定成本，提高资金使用效率。第三，合理规划资金周转周期。公司需要结合自身的现金流动特点，制订完善的现金流流转计划，排查现金流转风险，提升现金流周转效率。

3.2.2　做好现金流入与流出规划

在进行现金流管理时，公司需要保证资金在适当的时候流入，以满足公司经营、支付各种款项的需求。同时，公司也需要对资金的流出进行控制，避免陷入现金流危机。总之，公司要合理规划现金的流入与流出，实现对现金流的动态管理与控制。

公司的现金流入主要来源于销售产品或服务所获得的收入。在编制现金流入预算时，公司需要根据历史数据计算销售活动发生后一定时期内的回款占总销售额的比例，即回款率。有了这一指标，公司就可以根据月销售额来计算现金流入。要想增加现金流入量，公司就要开源，不断扩大产品的销售渠道，提高产品在市场上的占有率；提高销售收入，尽快收回应收账款，降低应收账款占销售收入的比重。

现金流出包括固定性现金流出和变动性现金流出两种。其中，固定性现金流出是指每个月的固定支出，如水电费、物业费、员工工资、社保等；变动性现金流出指的是税金、报销等。在编制现金流出预算时，公司一定要将固定性现金流出和变动性现金流出区分开来。在资金短缺时，公司应优先考虑减少变动性现金流出。

公司要想减少现金流出，就要节流，降低成本方面的支出。例如，储备存货会造成进货、库存的成本增加，同时还会占用大量的储备资金，导致资金短缺、流动资金失衡。因此在日常管理中，公司应该使存货与销售成本的比重维持在一个合理的范围内，并尽力使这个比重降低。

公司在生产经营活动中的现金流管理主要体现在对存货周转期、现金回收期以及付款周期的管理上。公司可以通过适时管理减少库存和原材料积压；鼓励客户提前付款，加速现金回收；缩短对外支付款项的周期，提高资金使用效率和流动性。

总之，在现金流管理的过程中，公司必须合理地规划现金的流入与流出，做好开源与节流。

3.2.3　精准预测未来现金流

在进行现金流管理时，公司需要对未来的现金流进行预测，了解其能否支撑公司未来的发展、是否存在现金流短缺风险等，以合理安排运营活动。

从整体来看，公司现金流可以分为三个部分，分别是经营活动产生的现金流、投资活动产生的现金流、融资活动产生的现金流。

1. 经营活动产生的现金流

经营活动产生的现金流是公司赖以生存的根本，也是公司现金流入的主要来源。经营活动产生的现金流能够充分体现公司的内部"造血"能力。如果公司发展良好，产品销路畅通、供不应求，回款速度也很快，就表明公司的"造血"能力较强。如果公司经营活动产生的现金流较少，产品销售乏力，回款速度较慢，则表明公司的"造血"能力较弱。

2. 投资活动产生的现金流

投资活动产生的现金流是公司外部"造血"能力的一种体现。具备一定规模、资金充足的公司往往会投资债券或收益丰厚的项目，以获取投资收益。但由于投资的风险较高，风险可控性较差，投资活动产生的现金流往往不稳定。

3. 融资活动产生的现金流

融资活动产生的现金流能够体现公司的"输血"能力。融资活动可以带来大量的现金流入，为公司的发展提供必要的资金支持。当前，融资已经成为公司获取现金流和资本运作的重要手段。公司通过融资可以拓展资金获取途径，以及时抓住机遇，早日做大做强。

要想实现对现金流的精准预测，公司需要对以上三个来源的现金流进行分析，了解公司的资金从哪里来、要到哪里去。这种分析能够为现金流预测奠定基础。

在预测未来现金流的过程中，公司需要把握四个关键环节，如图 3-2 所示。

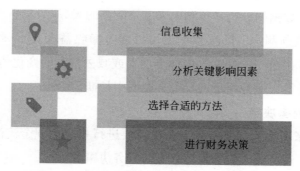

信息收集

分析关键影响因素

选择合适的方法

进行财务决策

图 3-2　预测公司未来现金流的四大关键环节

1. 信息收集

公司进行现金流预测所需的数据来源于采购、销售、财务等多个部门。公司需要收集这些数据，并结合债券、股权等信息，全面整合与现金流预测相关的信息，确保预测的准确性和可靠性。

2. 分析关键影响因素

进行现金流预测还需分析关键影响因素。影响现金流预测的关键因素主要分为内部因素和外部因素。

（1）公司内部影响因素：包括公司的经营状况、公司的市场表现等。公司可以通过对资产负债表、利润表及其他财务指标的分析，了解具体的经营状况。同时，公司可以对自身的销售情况和客户进行分析，明确自身的市场表现，为预测未来的市场表现和销售情况提供依据。

（2）公司外部影响因素：包括公司所在行业的未来发展状况、社会环境等。公司所在行业的未来发展状况包括行业的发展时期、发展趋势等；社会环境包括影响公司发展的经济因素、技术因素、自然因素等。

3. 选择合适的方法

公司可以使用以下两种方法预测未来的现金流。

（1）直接预测法。这种预测方法通常用于对现金流的短期预测，包括收支法和分配法。其中，收支法指的是计算短期内实际现金流入和实际现金流出的差值，得到净现金流，预测实际的预期现金流。通过这种方法，公司可以确定实际期望现金流。分配法主要用于支票清算估计，即根据对支票清算历史数据的分析，预测未来支票清算的天数。

（2）间接预测法。间接预测法可以通过净收益法实现。净收益法指的是首先计算出公司的利润，再逐步加上或减去预测的变化值，如应收账款、资产收益等，通常用于进行现金流的中长期预测。

4. 进行财务决策

根据未来现金流预测结果，公司需要进行相应的现金流流动性管理、投融资管理、现金流风险管理等，做好财务决策。

首先，公司需要对全部资金进行集中管理和动态监控，提高现金流的运营效率，并防范流动风险。其次，公司需要充分利用各种投融资工具，积极进行投融资活动，实现现金流价值创造最大化。最后，公司需要根据未来现金流预测结果进行风险管理，如停掉风险较大的投资项目、合理安排对项目的资金投入等，以规避现金流风险。

3.3　公司如何保证充足的现金流

很多成功的公司都有不错的盈利能力以及充足的现金流，这使得其有充足的空间可以进行资本运作。这也意味着，公司要想有充足的空间进行资本运作，就要有充足的现金流。在这方面，公司需要做好应收账款管理，并持续优化现金流结构。

本节将深入探讨公司如何做好应收账款管理和持续优化现金流结构，并结合贝尔斯登因现金流危机被收购以及华为现金流管理成功的案例，分析现金流管理策略在实际操作中的效果与影响，为广大企业提供有益的参考和启示。

3.3.1　做好应收账款管理

应收账款指的是公司向合作公司提供产品或服务后，应向合作公司收取的款项。通常双方会约定一个期限，合作公司在期限内支付款项，公司在收到款项后对其进行核算并确认收款。

应收账款是购买方占用销售方资金的一种形式，在公司合作中十分常见。很多公司为了推动业务发展，都会同意购买方进行赊销，这导致公司存在大量的应收账款。大量的应收账款可能会导致公司的现金流不足，甚至引发经营危机。

某电子公司经营范围非常广，包括电视、空调、电子医疗产品等。经过多年的发展，该公司的规模越来越大。2020 年以来，该公司的应收账款大量增加，突破 10 亿元，占资产总额的 20%，同时该公司的应收账款周转率不断下降。

在已有大量应收账款的情况下，2022 年 9 月，该公司与 A 公司的合作使应收账款进一步增加。为了扩大市场份额，该公司决定与 A 公司合作，委托 A 公司进行产品销售。而 A 公司资金实力较弱，只能以赊销方式进货。双方达成合作后，该公司又多了一笔应收账款。

截至 2022 年 12 月，该公司应收 A 公司账款 2 亿元，而根据该公司对 A 公司资产的估算，能收回的资金只有 1 亿元左右。最终，这笔应收账款并没有按期收回，导致该公司陷入经营危机。

为应对激烈的市场竞争，提高市场占有率，公司同意销售商进行赊销是常见的做法。但赊销应适度，过度赊销极易引发经营危机。为了避免过度赊销引发经营危机，公司有必要做好应收账款管理。

应收账款管理效果是判断一个公司财务管理水平的一项基础指标。应收账款与收入、成本相关联，因此，公司必须做好应收账款管理和催收工作。

公司对应收账款的管理包含两个方面的内容。

一方面，公司的应收会计必须及时将往来款项核算清楚，每个月都要编制一份账龄分析表，与客户方的财务人员进行有效沟通，每个月定期向客户方发送并与其确认对账单。

另一方面，针对应收账款，公司可以制定"谁经办，谁负责，及时清理"的原则。公司财务部门需要定期向营销部门反馈应收账款的回款情况，营销部门要及时催收款项。公司可以将回款与营销人员的业绩挂钩，以确保款项能够及时到账。

公司还要建立客户信用管理制度以及相应的审批流程。新客户的信用等级不能由财务部门单独决定，而应联合营销部门对客户的基本情况进行综合考量，通过分析合同成本、风险情况等确定客户的信用等级，并据此规定赊销限额。

有坏账风险的应收账款被称为问题账款。例如，在销售过程中发生了诈骗、无法及时收回部分货款的情况。一旦出现了问题账款，营销部门应承担责任，相关营销人员必须按照规定填写问题账款报告，并将问题账款的相关资料和证据一同上报，同时还应配合财务部门和营销部门的调查。

3.3.2　持续优化现金流结构

为了拥有充足的现金流，公司应不断优化现金流结构，升级现金流管理体系。具体来说，公司需要做好以下六个方面的工作。

1. 制定整体战略目标

公司要制定现金流管理的整体战略目标。公司经营的最终目标是维持生存以及实现可持续发展，而这些都离不开现金的均衡流动。

对于公司而言，现金流管理最重要的一点，就是使经营现金流最大化，确保经营现金流不会出现缺口。在此基础上，公司可以提高现金流利用效率，实现整体战略目标和发展愿景。

2. 明确部门职责

公司要建立健全现金流管理体系，明确财务部门的职责，充分发挥其在预算管理方面的作用，将资金预算和融资安排交给财务部门负责。财务部门需要定期向公司管理者汇报预算的编制和具体执行情况。公司还要加大资金管控的力度，保障具体项目的规范操作和执行，使现金流管理体系不断完善。

3. 强化管控原则

公司内部要形成现金流管理的理念和文化，在发展过程中不断加大管理力度，引导各个部门统一思想，坚持并强化资金全面归集、收支两线并行等管控原则。公司要坚持资金的实际结算与预算一致的原则，科学、合理地安排资金支付的顺序，确保整体的生产运营稳定、有序。

4. 加强资金预算控制

公司首先需要构建预算管理体系，通过这一体系对现金流指标体系进行分析，再不断加以改进，从而优化公司的战略目标，使各部门之间保持良好的沟通与协作。同时，公司要结合自身的经营活动、融资活动和投资活动加强对资金预算的控制。

5. 提高应收变现能力

公司要加大对现金流的监督和管理力度，全面了解各项应收账款的具体情况，对其金额、账龄以及存量情况进行全方位的分析。除此之外，公司还需要确保各个部门严格执行清收管理制度，使各个部门清楚自身在应收账款管理中的作用，履行好自己的职责，持续、有效地跟踪应收账款的回收情况，加大风险防范力度。

公司还要加强合同管理，按照合同中的条款跟踪业务开展情况，对业务有全面的了解，以有效地降低风险。同时，公司还要加大内部管理力度，加强秩序建设，减少各部门之间相互拖欠或占用资金的情况，有力地约束其经济行为。

6. 积极推动产业融合

公司需要积极采取措施推动产业融合，提升资产的资本化程度，有效提升公司资产证券化水平；高效对接再融资的资本和收购的优质资源，充分发挥互联网金融的优势，调整公司的债务结构；尽可能将财务风险控制在可以承受的范围内。

3.3.3　贝尔斯登：因现金流危机被收购

著名的投资银行贝尔斯登在日常经营过程中，常有大量的现金流入或流出。在金融市场频繁动荡的影响下，贝尔斯登的业务受到影响。同时，由于贝尔斯登没有对现金流管理引起重视，导致公司出现现金流危机。最终，困境之中的贝尔斯登被摩根大通收购。

由于投资银行性质特殊，因此贝尔斯登需要承担更大的风险。投资银行与传统商业银行不同，它从事有价证券投资，房地产、保险、金融是投资银行投资的主要板块。

在金融市场动荡的影响下，众多的贷款人难以偿还住房抵押贷款，用作抵押担保的有价证券价格大幅下跌。这给贝尔斯登的主要业务带来了巨大冲击，贝尔斯登持有的与住房抵押贷款有关的数额巨大的资产在短时间内价值暴跌，从而导致公司利润下降，甚至产生了严重亏损。

不仅如此，动荡的金融市场还导致贝尔斯登的金融衍生产品的价格大幅滑落，原本热门的产品变得无人问津。同时，在高财务杠杆经营模式下，贝尔斯登的经营性现金流大幅减少。

股价持续下跌导致贝尔斯登的现金流日趋枯竭，贝尔斯登陷入失去现金流来源的危险境地。曾经的合作伙伴为求自保，纷纷宣布终止与贝尔斯登的合作，并调走了大量资金。这无疑是对贝尔斯登的又一次重创。

在万般无奈下，贝尔斯登只好选择了最后的出路——被摩根大通收购。

从上述案例中可以看出，尽管很多高层管理者明知高财务杠杆会让公司承担极大的债务风险，但他们还是为了追求高额利润而举债经营，漠视现金流断裂的风险。

现金流就如同公司的"血液"，现金流是否充足往往决定着公司的成败。建立完善的现金流管理制度，是保证公司生存、提高公司市场竞争力的重要支柱。通过现金流管理，公司的现金流动性可以始终处于良好的状态，并能提高现金利用率，从而释放公司的活力，及时将资金转化为生产力，以满足消费者多样化的需求。

没有利润的公司也许可以存活下来，但没有现金流的公司将面临破产的危机。贝尔斯登作为美国曾经的第五大投资银行，却忽视对现金流的管理，这是一个致命的失误，是导致其破产的重要原因。贝尔斯登的案例提醒公司管理者要关注现金预算及现金流管理。

3.3.4 华为：现金流管理的成功案例

作为行业领先的信息技术公司，华为在发展初期就坚持"现金流至上"的理念。这决定了华为在未来的发展中可以一直沿着正确的方向前进，其优秀的现金流管理能力也为众人所称道。

现金流管理需要自上而下的思维。只有公司的高层意识到现金流管理的重要性，才能制定出完善的现金流管理体系，然后逐层传递下去，并严格地执行。正是因为华为高层对现金流管理足够重视，给公司全体员工做出了表率，华为的现金流管理体系才能顺利落地。

华为能够成功构建起现金流管理体系并取得显著成效的原因有以下几点，如图 3-3 所示。

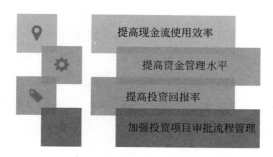

图 3-3 华为现金流管理体系成功的原因

1. 提高现金流使用效率

华为通过实施资产负债管理、税务管理等一系列措施，有效地提高了现金流使用效率，确保了流动资金的有效运用。同时，华为还通过灵活配置资金，提高了资金回报率和现金流的周转效率。

2. 提高资金管理水平

为了提高资金管理水平，华为采取了一系列措施，例如，建立风险管理体系、实施会计准则、对现金的支出进行严格的把关等。

3. 提高投资回报率

为了发挥现金流的作用，华为在其财务风险承受能力范围内投入了更多的流动资金，以获得高于市场平均水平的投资回报率。华为因此取得了显著的成就，在市场竞争中占据优势地位。

4. 加强投资项目审批流程管理

华为对投资项目的申报、审批和执行等一系列流程的管理十分严格，并且不断加大管理力度，例如，华为制定了精细的财务审核制度，投资审批必须由多位决策者共同参与。此外，华为还完善了人员管理制度，以确保投资项目的效率和质量能够不断提高。

未来，华为将进一步完善现金流的规划与管理，保持现金流的稳定性，为实现长远发展奠定坚实的基石。

第 4 章

股权布局：
学习分钱分权经典玩法

当前，股权布局已经成为公司资本运作中不可或缺的一环。合理的股权布局能够优化公司管理体系，帮助公司吸引更多资金，为公司的资本运作提供助力。因此，公司有必要做好股权布局，通过合理分配股权，优化公司治理结构，为资本运作奠定基础。

4.1　资本时代，股权为王

在资本时代，股权成为影响公司发展的一个重要因素。股权是公司融资、投资的主要工具。借助股权，公司对内可以合理设计控制权，吸引、留住人才，整合内部资源；对外可以进行并购重组，进行市场扩张。

4.1.1　股权设计：科学"切蛋糕"

公司的股权设计必须十分严谨，确保股权合理分配。公司还要根据现有以及后续发展所需的各种资源，建立一套合理的、能够实现股东之间相对公平的机制。为此，公司必须考虑如何才能把股权架构设计得科学、合理，以保护股东的利益。

股权架构涉及多方利益主体，包括创始人、股东等。想要维持这些利益主体之间的平衡，就必须有一个合理的股权架构。否则，就会引起矛盾，影响公司的正常运转。

徐某大学毕业后和朋友合伙创业，成立了一家互联网公司。创业初期，几人一心为公司发展努力奋斗，认为可以等到公司稳定后再分配股权。两年以后，公司逐渐在市场上站稳了脚跟，利润逐年攀升，得到了很多投资者的关注。

年终总结会议上，徐某提出要设计公司的股权架构，表示在之后的管理中要"论功行赏"，抽取一部分利润对努力工作的员工进行奖励。但是随着公司利润的增加，部分创业伙伴的心态发生了变化，再加上股权架构将会对他们今后的收益产生影响。因此，他们开始对股权分配斤斤计较。无论讨论出怎样的股权分配方案，总有人觉得对自己不公平，导致股权架构方案一直未确定。

在这种情况下，创始团队成员之间开始出现嫌隙，并且矛盾不断激化，团队的凝聚力大幅下降，对公司的正常运营产生了不良影响。

通过上述案例我们可以看出，股权架构必须保证各股东的利益处于平衡状态，这样才能激发他们工作的动力。

在创业之初，创业者就应该明确股权设计方案，以保证各股东之间的利益平衡。在明确股权分配的框架下，无论公司的利润如何变化，各股东获得回报的比例都是固定的，因而彼此之间的关系也较为稳定。如果等到公司发展前景十分明朗之后再分配股权，那么分配方案可能无法满足所有人的预期，导致出现利益分配不平衡的问题。

因此，为了保证股权分配平衡、创始团队永葆凝聚力，创业者需要在创业之初就明确股权设计方案，形成一种大家都认可的股权分配标准。只有这样，当后期公司获得良好发展时，股权分配才有标准可依，才能保证各股东之间利益分配的平衡。

只有所有的股东成为利益共同体，股权架构才能够发挥作用。一旦各位股东的目标不同，利益共同体就变成利益矛盾体，股权架构也就随之失效了。因此，只有股东之间始终为利益共同体，才能实现长久的合作。

陈某、刘某和张某三人共同出资成立了一家连锁茶馆公司，三人按照出资分别占股40%、30%、30%。陈某担任总经理一职，刘某和张某为副总，分别负责人力资源管理和供应链管理。

在创业初期，每个人都热情高涨，积极为公司发展出力。当公司旗下的茶馆开到第10家时，公司积累的资产达到近5000万元。此时，担任总经理的陈某觉得自己为公司做出的贡献远远多于其他两位，拥有的股权却只多了10%，对他来说这并不公平，因此多次提出重新分配股权的要求，却都被另外两人拒绝。

于是，陈某提出了一个折中的方案，那就是希望他们允许自己单独成立一家供应链公司，向三人合伙创办的公司供应原材料。三人经过多次讨论后，最终还是决定重新分配股权，以贡献比例为依据给陈某划分了更多的股权。

在这个案例中，刘某和张某之所以不同意陈某提出的折中方案，是因为一旦陈某单独成立了公司，三个人利益共同体的关系就会被打破，变成利益矛盾体。而在供应链公司与合伙公司进行交易的过程中，陈某很可能会做出利益输送的行为，损害刘某和张某的利益。因此，刘某、张某二人才会选择重新划分股权架构，以维持三人之间的利益共同体关系。

4.1.2　股权生态链成为小米公司增长之源

曾经，一款非小米公司（以下简称"小米"）生产，却贴着"MI"标识的充电宝在小米官网上线发售。与其他定价上百元的充电宝不同，这款产品只卖 69 元。这款充电宝使当时充电宝市场的格局发生了变化，压低了大厂商生产的充电宝的价格，有些在价格和质量上缺乏优势的小品牌甚至直接放弃了充电宝市场。

这款贴着"MI"标识的充电宝来自紫米公司（以下简称"紫米"），这也是小米生态链中第一个突围的公司。而在小米生态链发展的过程中，出现了很多改变市场格局的产品和类似紫米的公司。

小米的创始人雷军认为，硬件就应该交给专业的人去做，小米可以通过"投资＋孵化"的形式进入更多的领域，占领更大的市场。于是，小米生态链应运而生。

小米首先选择从手机周边入手，因为手机周边产品的开发门槛比较低。小米找到了深耕手机制造领域的张峰，创立了紫米品牌，成功开发了生态链上的第一代产品——移动电源，为小米生态链打响了第一枪。

然后小米开始搭建自己的物联网平台。小米向生态链上的所有公司开放平台入口，并用一套系统将它们连接起来。小米开发了小米智能家庭App，将生态链上的每一款产品都加入了物联网模组。小米手机可以作为遥控器，人们可以在手机上连接、遥控智能家居产品。

很多人认为，小米推出的这些爆款产品就是小米的"原厂货"，全然不知这些产品实际上来自小米生态链上的公司。小米智能家庭 App 后续更名为"米家"，同时，为了方便连接线上线下，小米还创建了米家品牌。

米家成功区分了小米和小米生态链的产品，帮助生态链上的公司提升品牌认知度，也让小米生态链受到了更多关注。之后，小米顺势成立了小米有品和小米之家，进入电商领域，进一步扩大了小米生态链的消费圈层。

小米生态链上的公司并不是小米的子公司，也不是小米的供货商或设备制造商。小米参与这些公司的股权融资，但只投资不控股，不干涉其经营，保证公司的独立发展。小米还为它们提供研发设计、营销渠道等方面的支持。

小米虽然投资了生态链上的许多公司，但没有控股权，因此这些公司都是独立的个体。也就是说，小米与生态链上的公司只是利益上的合作关系。通过这种关系，小米可以涉足更多领域，丰富产品种类。而小米生态链上的公司背靠小米这棵"大树"，分享小米的用户、声誉和渠道等，能够获得更好的发展。

4.2 控制权：掌握企业的财富生命线

在发展过程中，公司需要引入新的投资者，新的股权问题也会随之出现。股权主要有两种权利：收益权和控制权。投资者投资后会获得公司的股权，公司的股权变得更加分散，创始人对公司的控制权会受到影响。因此，大部分公司都实行"两权分立"制度，分钱不分权。

投资者可以根据所持股权拥有除了控制权之外的其他权利，基于此，公司的创始人可以把公司的实际控制权牢牢地把握在自己手中。控制权集中，便于投资者进出的公司更容易受到投资者的青睐，能够更顺利地进行资本运作。

4.2.1 有限合伙：以少胜多的学问

有限合伙是一种新型的合伙模式，可以实现收益权与控制权的分离。有限合伙企业是由普通合伙人和有限合伙人共同设立的。普通合伙人与有限合伙人的主要区别在于：前者需要对公司债务承担无限连带责任，后者则是根据其认缴的出资额对公司债务承担相应的责任。

《中华人民共和国合伙企业法》（以下简称《合伙企业法》）第六十一条第二款规定，"有限合伙企业至少应当有一个普通合伙人。"普通合伙人通常由核心公司的创始人担任或由其指定。普通合伙人具有管理职能，掌握核心公司的控制权。有限合伙人多为公司的激励对象，无法参与公司管理，只能获得股权带来的经济收益。

有限合伙架构能够帮助公司创始人实现分钱不分权，是一种能够灵活分配利益和权力的间接持股机制。

例如，凭借有限合伙架构，A公司的创始人冯某在只持有3%股份的情况下，依然能够掌握公司的控制权。冯某是如何搭建有限合伙架构的？

首先，冯某成立了一个自己100%控股的公司——B公司。其次，冯某将B公司作为普通合伙人，与作为有限合伙人的公司高管共同成立合伙企业——C公司，普通合伙人持股3%，有限合伙人持股97%。最后，由C公司持股并获得A公司的控制权。

在钱和权的分配上，C公司的普通合伙人与有限合伙人签订了完善的合伙协议。协议中规定：普通合伙人掌握全部话语权，有限合伙人只拥有收益权。如此，虽然B公司作为普通合伙人只持有C公司少量股份，却能掌握其控制权。冯某作为B公司的实际控制人，通过这种方式掌握了A公司的实际控制权。

简单梳理后，我们可以得到整个控制流程：①冯某100%控股B公司；②B公司控制合伙企业C公司；③C公司控制A公司，间接实现了冯某对A公司的控制。

一些公司创始人将有限合伙企业作为间接持股的首选，主要原因在于它具备一些独特优势，如图4-1所示。

图4-1 有限合伙企业的独特优势

1. 保障创始人的控制权

有限合伙架构能够保障在股权稀释导致比例降低后，创始人依然能够掌握公司的控制权。

《合伙企业法》第二条第三款规定："有限合伙企业由普通合伙人和有限合伙人组成，普通合伙人对合伙企业债务承担无限连带责任，有限合伙人以其认缴的出资额为限对合伙企业债务承担责任。"

在有限合伙架构中，虽然普通合伙人需要对公司的债务承担无限连带责任，但他是公司的实际控制人，掌握着绝对的决策权和管理权。

而有限合伙人只能获得分红，无法参与公司的重大决策和管理，也不具备对公司的控制权。由此可见，有限合伙可以有效地将股权与控制权分离，确保公司的创始人拥有控制权。

通常情况下，有限合伙人不会过多干涉公司的经营决策，他们更关注自己能够获取的股息分红有多少，以有限合伙企业作为持股平台可以保障他们的收益权。有限合伙特有的内部治理机制还可以降低运营成本，提高决策效率。

通过有限合伙企业持有核心公司股份的股东想要进入或退出股东之列会更加简单。对投资者来说，这种进出自由的投资模式具有很大的吸引力。

2. 减轻税负

为了扶持当地的经济发展、助力招商引资，我国部分地区会对有限合伙企业给予一定的政策优惠，如返税、降低税率等。创业者可以选择在有税收政策优惠的地区设立有限合伙企业，以减轻税负。

3. 持股平台作用

对于计划上市的公司来说，有限合伙的形式能够为公司带来很大的红利。例如，公司可以借助有限合伙企业对员工进行股权激励。如果员工直接持股，会产生大量的小股东，降低公司的决策效率，可能会阻碍公司的上市进程。而如果员工通过有限合伙企业持股，就可以在实现股权激励的同时将公司的控制权集中在一起，便于公司的管理。此外，资本市场对公司的估值也不会因此受到影响。

4. 便于资本运作

通过有限合伙企业对公司间接持股，创始人可以实现对员工的动态管理，同时这种管理不会在核心公司层面体现。这有效地规避了上市前因员工流动导致公司股权架构调整的问题。同时，通过有限合伙企业对公司间接持股可以简化公司的审批程序，使得公司能够更高效、便捷地进行投资、融资等资本运作活动。

4.2.2 AB股模式：同股不同权

AB股模式也被称为二元制股权架构，即通过同股不同权的形式，以少量的资本实现对整个公司的控制。具体来说，AB股模式就是将股票分成A股和B股两种，A股是对外发行的低投票权股票，1股只有1票投票权，B股是公司内部管理层所持的高投票权股票，1股有多票投票权。

为了使两股之间的差距缩小，A股在优先受偿和利润分配等方面具有更大的优势，流通性更好。一般情况下，B股不能公开交易，只有转换成A股之后才能转让。并且，这种转换是单向的，B股可以转换成A股，但A股不能转换成B股。

通常情况下，创始人手中的股权会在融资后被不断稀释。如果公司采取同股同权的股权架构，创始人对公司的控制权可能会随着股权的不断稀释而丧失。

例如，1985年，乔布斯从苹果的核心团队辞职，主要原因就是在苹果进行多轮融资的过程中，乔布斯手中的股权不断减少，控制权也随之被不断稀释。乔布斯在创业初期持有苹果30%的股权，在多轮融资之后，乔布斯持有的股权降至15%，逐渐失去了对苹果的实际控制权，在后续公司业务调整时，乔布斯被迫递交了辞呈。

股东主要拥有两项权利：财产权和投票权。其中，财产权指的是股东基于股权获得经济收益的权利，如分红权、投资收益权等。对于投资者来说，财产权比投票权更重要，可以给自己带来收益。而创始人更加重视对公司的控制权，相较于财产权，其更重视投票权。

由于两种主体具有不同的需求，因此在设计股权架构时，创始人可以采取AB股模式，以满足双方的差异化需求。

拼多多创始人黄峥在 2020 年 7 月宣布卸任 CEO 一职，但继续担任董事长。卸任前，黄峥拥有拼多多 43.3% 的股权和 88.4% 的投票权，其卸任后分别降至 29.4% 和 80.7%。黄峥仅持股 29.4% 却能够拥有 80.7% 的投票权，原因就在于拼多多采取的是 AB 股模式。

在这种模式下，A 股和 B 股每股分别有 1 票投票权和 10 票投票权。黄峥所持的是享有 10 票投票权的 B 股，而其他股东持有的股权均为 A 股。按照规定，B 股可以转换为 A 股，A 股不能转换为 B 股。一旦黄峥转售手中的 B 股，B 股流入市场后将会自动转换为 A 股。AB 股模式使黄峥获得了 1：10 的超级投票权，对公司的控制权得到了加强。

从拼多多的案例中我们可以得知，为了避免股权被过度稀释而丧失对公司的实际控制权，创始人在设计股权架构时可以选择 AB 股模式，持有享有更多投票权的 B 股。这样可以保证即使股权被稀释，也不会影响创始人对公司的控制权。

公司发展的过程中始终伴随着控制权的归属问题，只有控制权有了稳定的归属，才能使不同股东的需求都可以得到满足，创始人才能专注于经营公司。同时，这也避免出现投资者为追求短期利益而采取过激行为的情况。AB 股模式在实际的公司经营中广受好评，尤其是一些互联网公司，如京东、小米等。

AB 股模式有比较明显的优点。

一方面，创始人是贯穿公司发展始终的灵魂人物，但公司创业初期难免资本微薄，不得不通过融资的方式进一步发展壮大，创始人的股权必然会在融资过程中被逐渐稀释。AB 股模式保证了在公司引进资金的同时，创始人依旧可以掌握控制权。

另一方面，如果公司出现了经营状况不理想、股价低迷等情况，就有可能被其他公司收购。AB 股模式能够有效防止公司被恶意收购，保障公司稳定、健康地发展。

AB 股模式更适合那些发展成熟，或者发展潜力较大的公司。小公司的盈利能力较弱，投资者往往更关注其在技术、业务等方面是否有优势，并希望获得更多投票权来参与公司的决策。如果小公司采用 AB 股模式，反而会影响到投资者的投票权，给融资带来阻碍。

4.2.3 委托投票权：创始人获得更多投票权

委托投票权也是一种分钱不分权的方式。《中华人民共和国公司法》（以下简称《公司法》）第一百一十八条规定："股东委托代理人出席股东会会议的，应当明确代理人代理的事项、权限和期限；代理人应当向公司提交股东授权委托书，并在授权范围内行使表决权。"这表明，如果股东无法或不愿出席股东会会议，可以委托其他股东代为行使自己所持股票的投票权。

例如，京东商城上市前，刘强东曾受今日资本、老虎基金等 11 位投资者的委托，代他们行使投票权。这使持股不到 20% 的刘强东获得了超过 50% 的投票权。委托投票权让刘强东在所持股权比例不高的情况下，依然能够掌握对公司的控制权。

此外，委托投票协议还具有完善公司治理机制的作用，有效避免了公司控制权被他人夺走的情况发生。

全球知名电脑软件公司美国国际联合电脑公司（Computer Associates International, Inc.，CA 公司）的董事会在 2001 年险些被小股东联合推翻。CA 公司的创始人王嘉廉是公司的实际控制人，但从 1999 年开始，CA 公司的发展陷入瓶颈，业务停滞不前，引发了很多股东对王嘉廉的不满。因此，股东怀利提出了重组董事会的方案。

根据美国法律规定，虽然怀利只持有 CA 公司 0.3% 的股权，但如果能收集到足够多的股东委托投票授权书，就可以获得重组 CA 董事会的权利。重组董事会的提议得到了部分股东的支持，而这些股东持有的股权与董事会持有的股权相当。

但由于仍然有一小部分小股东对怀利的方案表示怀疑，王嘉廉最终以微弱的优势成功保住了自己对 CA 公司的控制权。此次重组董事会虽然未能成功，但促使了王嘉廉进行自我反省，推动了 CA 公司治理制度的完善。

委托投票权是创始人实现对公司控制的重要手段。被委托的股权虽不为创始人所有，但可以为创始人所用。投票权的集中能够帮助创始人实现对公司的控制。

4.2.4　一致行动人：各方抱团取暖

一致行动人指的是基于某种关系或协议约定，在行使投票权时采取一致行动的人。在实际的公司管理或投资活动中，一致行动人可能是夫妻、父子或兄弟关系。除了亲属关系以外，公司股东还可以通过签订协议成为一致行动人。签署一致行动人协议的股东在股东会会议发起表决之前，必须先就所投票事项进行沟通，达成一致意见。如果有人违背一致意见，就会按照协议内容受到处罚，如赔偿股份。

一致行动人协议有多种形式，但归根结底只有一个核心，就是使一致行动人的优势能够充分发挥出来，以保证创始人对公司的控制权。创始人可以与股东签订一致行动人协议，在表决之前确定一个统一的对外意见，来决定表决事项是否通过。

例如，某互联网公司计划进行融资，创始人梁某持有的股权将在这次融资之后由 51% 稀释为 42%。之后一旦出现投资者恶意收购中小股东手中的股权，且持有股份达到 51% 的情况，梁某将会失去对公司的控制权。

为了避免这种情况发生，梁某决定将控制权整合起来，于是与几名核心股东签署了一致行动人协议。按照协议内容，梁某与几名核心股东需要就股东会会议投票事项达成一致意见，做出一致行动，而签署协议的几人共持有 53% 的投票权，这保证了梁某对公司的控制。

通过上述案例可知，股东之间可以通过一致行动人协议形成联盟，帮助创始人增强其对公司的实际控制权。这种方法更适合已经拥有比较完备的治理结构的公司，对公司的长期业务发展或长远布局能够发挥更好的作用。

4.2.5　股权代持：提升创始人名义持股比例

通过签订股权代持协议，创始人可以代持股东的部分股权，提升名义持股比例。这是创始人提升对公司的控制权的一种有效方式。在股权代持模式下，实际出资人与作为名义股东的创始人签订股权代持协议，创始人以名义股东的身份代替实际出资人行使股东权利。基于此，创始人可以获得更多投票权。

股权代持为创始人控制公司提供了便利，但也存在一定的风险。

1. 来自股权代持协议的风险

股权代持协议的风险主要体现在两个方面：一方面，如果协议不符合法律规定，就是无效的；另一方面，如果协议中涉及的公司出现注销、破产的情况，会对股权代持的实现产生影响。

2. 来自实际出资人的风险

《公司法》第四条第一款规定："有限责任公司的股东以其认缴的出资额为限对公司承担责任；股份有限公司的股东以其认购的股份为限对公司承担责任。"实际出资人需要按照协议的规定认缴出资，如果实际出资人拒绝履行出资义务，就需要由名义股东来履行相应的义务。

针对以上风险，创始人可以采取以下措施进行预防。

第一，股权代持协议要完善。股权代持协议的完整性十分重要，协议中不仅要明确实际出资人与名义股东的责任、权利和需要承担的义务，还需要约定好违约责任和处理纠纷的办法。

第二，选择可靠的股东。为避免实际出资人拒绝出资引发不必要的风险，创始人需要寻找一个可靠的实际出资人并与其签订股权代持协议。这就需要创始人认真评估实际出资人的信用程度。为了确保实际出资人的可靠性，创始人可以与身为亲属或朋友的股东签订代持协议。

第三，监督代持协议的履行。监督代持协议的落实也是一件非常重要的事。股权代持有着较长的周期，中间可能会发生很多变化。创始人需要确保双方都按照股权代持协议履行自己的职责，避免股权代持出现风险。

4.2.6 阿里巴巴：合伙制度的"春与秋"

阿里巴巴在创立之初遇到了两个十分重要的问题：一是创始团队希望公司的控制权可以一直掌握在阿里巴巴手上；二是如果创始人离开阿里巴巴，应如何重新建立新的文化、制度，以保证公司的可持续发展。在这种情况下，阿里合伙人制度应运而生。

自阿里巴巴创立以来，合伙人精神就一直贯穿于其发展过程中，并且帮助其渡过了很多难关。合伙人精神提升了阿里人服务客户、为股东创造长期价值的热情和积极性。

阿里巴巴上市前提交的一份上市计划中，就曾创新性地提到了合伙人制度。设立这一制度的目的是保护阿里巴巴的管理层不受资本裹挟，保障创始团队对公司的控制权，降低管理层变动所引发的风险。同时，合伙人制度也为公司提供了一个内在的动力机制，赋予了股东新的身份。

阿里巴巴的合伙人制度具有以下特点。

1. 合伙人不等同于股东

在阿里巴巴，合伙人与股东是不一样的。虽然阿里巴巴的合伙人也持有一定数量的股权，但其一旦退休或离开阿里巴巴，就失去了股东身份。这体现出了阿里巴巴合伙人与普通股东的区别。

2. 合伙人不等同于公司董事

阿里巴巴的董事会拥有非常高的权力，而阿里巴巴的合伙人团队不能取代董事会参与公司管理。合伙人团队拥有提名董事会成员候选人的权力。这意味着，阿里巴巴的合伙人拥有人事控制权，但没有直接管理公司的权力。

3. 合伙人不需要承担连带责任

阿里巴巴的合伙人是为了践行并传达阿里巴巴的使命、愿景和价值观而存在的，承担着精神和身份层面的责任，而不需要承担作为股东需要承担的连带责任。

4. 合伙人拥有提名权而非决定权

阿里巴巴合伙人制度的一大特色就是合伙人拥有董事提名权。从表面来看，阿里巴巴合伙人拥有的是董事提名权，而不是决定权。但从实际操作上来看，即便股东对合伙人提名的董事不同意，也无法阻止董事行使权利。因此，阿里巴巴合伙人凭借董事提名权掌握了公司半数以上董事席位的实际控制权。

阿里巴巴之所以能在不断变化的商业环境中突出重围，是因为合伙人制度起到了重要作用。合伙人制度最大限度地保留并延续了阿里巴巴独特的使命和价值观，帮助阿里巴巴长远、稳定地发展下去。

4.3　完善进入与退出方案，避免纠纷

在公司发展过程中，股东进入与退出是难以避免的。为了应对这些情况，公司需要制定完善的股东进入与退出方案，避免因股权变动而产生纠纷。

4.3.1　引入外部投资者，引入资金

对于缺乏资金的公司来说，引入外部投资者是一种很好的解决资金问题的方法。引入外部投资者具有诸多优势，主要体现在以下三个方面，如图 4-2 所示。

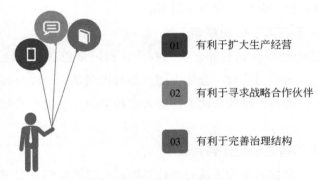

图 4-2　引入外部投资者的优势

1. 有利于扩大生产经营

需要引入外部投资者的公司，往往正处于快速成长期或者面临上市，资金需求较大。这时公司现有的资金已经不能满足业务扩张的需求，所以需要引入外部投资者。引入外部投资者既能解决公司的资金困境，又不会因银行贷款过多而导致公司的负债率上升，公司能及时把握市场机会，快速发展壮大。

2. 有利于寻求战略合作伙伴

公司引入外部投资者，除了考虑资金因素外，还要考虑投资者是否具备行业资源。优质的外部投资者除了能给予公司资金支持外，还能给公司介绍供应商、客户等资源，为公司的发展助力。

3. 有利于完善治理结构

公司规模较小时，股东一般都是内部人员，如管理层员工、技术骨干等，董事大多由大股东提名产生。随着公司规模的扩大，无论从公司科学管理的角度，还是从公司规范运作的角度出发，公司都应建立健全内部管理结构。外部投资者的加入，能为公司的决策带来不一样的声音，避免出现"一言堂"的情况。

在引入外部投资者时，公司需要做好以下三个方面。

（1）签订保密协议

投资者在决定投资公司之前，通常会对公司进行尽职调查。调查的具体内容包括业务、财务、管理团队等方面。公司在接受尽职调查前，需要与投资者签订保密协议，规定保密的内容范围和期限，防止公司机密被泄露。

（2）估值谈判

估值谈判是引入外部投资者过程中的一个重要环节。每家公司都希望得到高估值，但估值并非越高越好。

首先，如果公司对自身的估值期望过高，可能会影响投资者的意愿，导致交易无法达成。其次，如果公司对自身估值的期望过高，投资者可能会借机提出其他条件，如签订对赌协议，这容易给公司日后的发展留下隐患，甚至成为公司上市的障碍。最后，公司估值过高，可能会加大后续融资的难度。

因此，公司应结合市场经济形势、行业发展趋势以及自身实际发展情况对估值做出合理的判断。

（3）签订投资协议

在就投资一事达成一致意见后，公司需要与外部投资者签订投资协议。在签订投资协议时，公司需要注意协议中是否存在一些特殊条款，如优先认购条款、对赌条款等。这些条款可能影响公司后续的经营发展。

从方式上来看，增资扩股是引入外部投资者的一种较为合适的方式。增资扩股即公司通过稀释股权吸引外部资金，可以在原股东股权不被分割的情况下，引入外部投资者。这种方式是很多公司引入外部投资者的首选。

在这种方式下，外部投资者可以通过投资入股的方式成为公司的新股东。新股东入股的价格应当根据公司净资产与注册资本之比确定，溢价部分作为公司的资本公积金。

4.3.2 明确股权转让限制，避免股东随意退出

公司的长久发展需要一个稳定的环境，如果股东随意退出公司，就很容易引起动荡，影响公司的稳定发展。对此，公司有必要对股东转让股权进行限制，以维护公司的稳定。具体来说，公司可以采取以下三种方式。

1. 在股东未认购时，不得向非股东转让股权

很多人可能认为，既然股东想要退出，那么公司将他的股权收回或他将股权转让出去即可，为什么公司还要对此进行限制呢？例如，一些公司规定，在股东未认购时，不得向非股东转让股权。

其实原因很简单。当公司的上市预期不明朗时，股东想要退出、把股权转让给非股东，很可能会给公司后续发展留下隐患。

如果退出的股东把股权转让给非股东，尤其是经济实力比较强大的非股东，那么这个非股东之后也许会把整个公司都买下来，从而损害其他股东和创始人的利益。因此，对股权转让进行限制其实是在保护股东和创始人的利益。

北京某公司就经历了股东随意转让股权，导致创始人与其他股东被扫地出门的事情。某位大股东在这家公司拥有较多的股权，而且还拥有一定的话语权，他在退出时把自己的股权转让给非股东周某。周某能力很强，进入公司之后没多久就掌握了大量的业务和客户资源。过了半年，周某自己成立了一家公司，并把这些业务和客户资源带走了。

当创始人和其他股东发觉公司经营出现问题时，公司的现金流已经十分紧张了。于是，周某趁机提出要收购整个公司。与此同时，由于周某给出的价格较低，且具有优先清算权，因此公司被收购之后，创始人和其他股东只获得很少的收益。而周某是第三方公司的创始人，所以其无疑是这次收购事件的主要受益人。

就这样，创始人和其他股东失去了自己的公司。由此可见，为了防止出现不必要的风险，对股权转让做出限制很有必要。从原则上说，创始人不应该同意退出的股东把股权转让给非股东，因为创始人对非股东没有很深的了解，不确定其进入公司之后会做出什么样的行为。

2. 公司不回购，其他股东优先购买

在股东进行股权转让时，如果公司不回购，其他股东优先购买也是一个不错的限制条件。其他股东按照股权比例参与优先购买，可以防止股权被过度稀释，有助于维护公司的稳定和正常运营。

《公司法》第八十四条第一款、第二款规定："有限责任公司的股东之间可以相互转让其全部或者部分股权。

股东向股东以外的人转让股权的，应当将股权转让的数量、价格、支付方式和期限等事项书面通知其他股东，其他股东在同等条件下有优先购买权。股东自接到书面通知之日起三十日内未答复的，视为放弃优先购买权。两个以上股东行使优先购买权的，协商确定各自的购买比例；协商不成的，按照转让时各自的出资比例行使优先购买权。"

由此可见，如果股东想要退出，且公司不回购其股权，那么股东可以向其他股东或非股东转让股权。股东向非股东转让股权不需要经过其他股东的同意，但是需要履行对其他股东的通知义务，其他股东享有优先购买权，并且相互之间可以就优先购买的比例进行协商。

上述法律还对股东的优先购买权进行了时间方面的限制。如果没有时间限制，那么会造成交易资源的浪费，甚至会危及交易的安全。因此，为优先购买权的行使设置一个合理的时间限制非常有必要。

3. 原股东不购买，可转让第三方

如果处理得好，股权转让限制对原股东来说非常有优势，可以使其享受优先购买等方面的权利。也就是说，有股东要求退出时，公司首先应该询问原股东是否要购买股权，这是他们的法定权利，是不能被剥夺的。

但是，如果股权转让与公司外部的第三人相关，那么情况就会大不相同。根据《公司法》第八十四条的规定，在进行股权转让的过程中，必须通过一定的程序向原股东发送股权转让通知，表明转让的股权比例、转让的价格等，同时要求原股东在规定时间内给出答复。

如果原股东购买股权，那么直接在公司内部完成转让程序即可。如果原股东不购买股权，那么就视为他们放弃享受优先购买的权利，退出股东可以将股权转让给第三方。

在将股权转让给第三方时，公司应该注意三大要点。第一，一旦涉及

国有资产，需要遵守国务院颁布的《国有资产评估管理办法》的规定；第二，股权转让的价格通常不能低于该股权所包含的净资产的价格；第三，股权转让的具体操作应该符合公司章程的相关规定。

4.4 处理好股权，公司才值钱

资本运作离不开资金的支持，而股权的价值就在于让公司更值钱，为资本运作提供支持。创始人需要处理好公司股权以及人、钱和权的关系，以保证公司长久发展，使公司不断地增值。

4.4.1 股权众筹：助力公司价值提升

股权设计能够帮助公司稳固发展根基，而股权众筹能够助力公司价值提升。作为一种提升股权价值、破解公司融资难题的有效手段，股权众筹受到了很多公司的青睐。

股权众筹是一种新型的融资方式，是多层次资本市场的重要组成部分。股权众筹不同于传统的融资方式，其门槛较低，为许多有创意但缺少资金的创业者进行融资提供便利。随着股权众筹受到大众追捧，互联网众筹平台成为新风口。

股权众筹给中小型公司提供了一种新的融资途径。许多股权众筹平台，如天使汇、人人投等，已经探索出一套股权众筹的交易规则，创造出独特的众筹模式。这降低了公司的融资门槛，使公司可以借助天使投资者的力量实现高速发展。

股权众筹的三个特点如图 4-3 所示。

图 4-3 股权众筹的三个特点

1. 适合种子轮或天使轮融资

股权众筹平台适合需要进行种子轮或天使轮融资的项目，而不适合那些已经进入发展期或成熟期的项目。

2. 单笔金额较小

进行股权众筹的项目的单笔融资金额较小，融资区间为 50 万～ 500 万元。如果项目需要融资超过上千万元，一般不建议进行股权众筹。

一方面，选择权众筹的方式进行巨额融资十分困难。大多数投资者都难以承担过高的投资额度，而一味增加投资人数吸引更多资金，又存在可能超过法律规定的投资人数上限的问题。另一方面，创业项目往往处于孵化阶段，如果融资金额太大，则容易影响创始人对公司的控制权，既不利于项目的后期融资，也不利于创始人对公司的管理。

3. 参与者多，专业性不高

融资项目在股权众筹平台上线之后，将面向成千上万个投资者，往往会吸引众多投资者的参与。一般来说，股权众筹吸引的参与者可能达到几十人，甚至上百人，但根据相关法律的规定，股权众筹的参与者需要控制在 200 人以内。

众筹平台上的投资者大部分都是自己分析、判断，然后做出投资决策，没有专业的人员来帮助他们做行业分析，因此这些投资者的专业性普遍较低。遇到一些晦涩难懂的项目，他们很难做出投资判断。

股权众筹能够帮助创始人通过股权筹集资金，发挥出股权的更大价值。来自不同投资者的资金可以汇聚成一个资金池，为创始人推进公司业务提供助力。

4.4.2 股权激励：让员工推动公司价值增长

公司的价值是由全体员工创造的。而通过股权激励，公司可以有效激发员工活力，提升员工创造性，激励员工创造更大价值。在股权激励下，员工成为驱动公司价值增长的重要力量。

股权激励将员工利益与公司价值捆绑在一起。相较于传统的薪酬激励，股权激励可以在公司与员工之间搭建利益共享机制，保证员工的个人利益与公司的长期利益趋于一致。股权激励可以提升员工的创造性，促使员工为公司创造更加丰厚的利润，推动公司实现可持续发展。在这个过程中，员工能获得更多收益。

如今，许多公司都意识到了股权激励的重要意义。为了激发员工工作的积极性和主动性，实现创新发展，一些公司推出了股权激励方案。

2021年7月初，北京四维图新科技股份有限公司（以下简称"四维图新"）经股东会会议审议通过了《2021年限制性股票期权激励计划（草案）》。根据计划内容，公司将授予激励对象12000万股限制性股票，约占当时股本总额的5.29%。预计首次授予股票11100万股，预留900万股。

2021年7月底，四维图新发布了《北京四维图新科技股份有限公司关于向激励对象首次授予限制性股票的公告》，对公司的股权激励计划进行更新。此次公告显示，将首次授予股票的数量调整为10900万股，比预计的少了200万股，预留的股票数量增加至1100万股，以吸引更多优秀人才加入。

实施此次激励计划的根本目的在于激励公司的业务团队。作为一家科技创新公司，四维图新深知人才是公司发展的第一生产力，公司的竞争力直接取决于技术团队的专业水平和创新能力。为了激发团队创造性、保持团队稳定，实施股权激励计划是十分有必要的。

四维图新推出股权激励计划除了要激活业务团队，还想要吸引更多行业内的顶尖人才，增加人才储备，为公司在更多领域的发展奠定人才基础。

虽然股权激励计划需要公司出让一部分利润给员工，但从公司长远发展的角度来看，实施股权激励计划有效激发了员工创新的积极性，增强了公司的凝聚力，吸引了更多外部人才加入。这些都为公司实现价值增长和长远发展提供了动力。

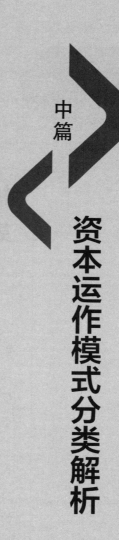

中篇

资本运作模式分类解析

第 5 章

扩张型资本运作：
集中力量做大规模

扩张型资本运作是指公司在现有资本结构的基础上，采取追加投资、兼并重组、内部积累等方式，将公司的资本规模扩大。扩张型资本运作可以帮助公司占据更大的市场份额，提升公司的市场竞争力。

从方式上划分，扩张型资本运作分为多元化模式与一体化模式两种。其中，多元化模式指的是公司聚焦主营业务，进行多元化延伸；一体化模式指的是公司从横向与纵向两条路径出发，实现公司的一体化发展。

5.1 多元化模式：以主营业务为核心

多元化模式是扩张型资本运作的有效方法之一。一些公司会结合自身的发展需求，以主营业务为核心，通过兼并重组涉足多个领域、多个行业，以实现多元化发展，打造多元化商业模式。

5.1.1 主营业务是公司发展的基础

公司的收入主要来源于主营业务，主营业务是公司生存、发展的基础。对于公司来说，把自己熟悉和擅长的主营业务经营好，才能获得更多经济收益和市场占有率，然后在此基础上再追求多元化发展。

通过分析国内外公司的扩张过程，我们可以发现，很多公司在进行业务扩张时虽然实行的是多元化战略，但仍然以主营业务为核心。这样的公司往往更容易获得成功。一旦公司的主营业务出现问题，其他的业务也有可能受到影响。

经营主营业务时，公司需要注意以下几个问题，如图 5-1 所示。

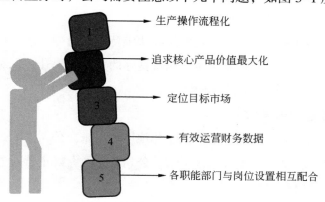

图 5-1　经营主营业务要注意的问题

1. 生产操作流程化

在起步阶段，公司内外部环境不稳定，此时公司的主要目标应当是生存下去。公司需要打造优质的产品来提升自己的核心竞争力，以快速打开市场。生产操作流程化是打造优质产品的基础，公司需要以严格的标准来衡量生产过程中的每一个操作步骤。

2. 追求核心产品价值最大化

产品是公司发展的原动力，产品质量是公司的"灵魂"，满足消费者的需求是产品的价值所在。因此，公司应该始终以追求核心产品价值最大化为目标，在拥有的众多产品中打造出极具竞争力的爆款产品。公司需要结合自身的优势和市场的需求，开发出别具一格的产品，为多元化战略的实施奠定基础。

那些成功的品牌往往会在一个产品品类中深耕，例如，麦当劳专注于快餐业务，宝马致力于打造品质卓越的轿车。因此，公司要想将产品做好，需要适当控制产品种类，集中资源打造出一两款明星产品，打造一个质量佳、知名度高的品牌，为公司的其他产品带来连锁效应。

3. 定位目标市场

公司的价值体现在市场中。要想打开目标市场，公司就必须提前做好市场调研和预测。公司需要结合自身的发展情况确定目标市场，不能好高骛远。公司要实时把握市场动态，找准入场的时机，果断地做出正确的决策。例如，美国吉列公司在一次市场调查中发现女性对剃须刀存在潜在需求。吉列公司抓住了这一机遇，开发了专门针对女性的剃须刀产品，在市场上引起了轰动效应。

公司成功开拓市场之后，就要想办法维持市场份额，这往往比占领市场还要困难。对此，公司要与客户保持良好的关系，提升客户对公司的忠诚度，使客户成为公司口碑的传播者。

4. 有效运营财务数据

财务数据可以将公司的活动数字化地展现出来。公司发展过程中产生的所有数据都会被财务报表记录下来。公司要想经营好主营业务，就必须有效运用各种财务数据。

财务管理是公司管理的一个重要组成部分，公司管理者需要根据财务报表进行全面的财务数据分析。财务报表要做到精细化、透明化，如实反映公司的每一项经营活动。通过分析财务报表中的各项财务数据，公司管理者可以了解公司各部门的绩效表现，以及各个环节实际的运行效能，进而分析出公司生产经营中存在的问题，并做出相应的决策。

5. 各职能部门与岗位设置相互配合

想要经营好主营业务，公司的各个职能部门与岗位设置要相互配合，保证人尽其职、职尽所能。公司管理者应该遵循合理化原则来设置职能岗位，协调各个部门、环节以及管理层之间的冲突。公司管理者可以通过激励制度激发员工的潜能，让员工保持工作积极性和主动性。

此外，公司管理者需要对项目的实施过程进行控制，建立反馈机制以及时了解项目进度、不同阶段项目面临的问题，避免出现杂乱无章、岗位空缺等情况，推进项目顺利实施。有效的公司管理机制可以营造一个和谐与竞争并存的工作氛围，让员工在竞争与协作中创造更大价值。

5.1.2　进行品牌延伸

公司实施多元化战略需要进行品牌延伸。在实施多元化战略的过程中，公司需要将现有品牌进行延伸，以多元化品牌策略建立竞争优势，实现持续增长。

品牌延伸是一种基于现有品牌推出新品牌、新产品，以进入新市场、新领域的策略，有助于公司利用现有品牌的知名度，在新市场、新领域中快速建立起品牌认知，降低公司扩张的风险。

在制定品牌延伸策略时，公司需要注意以下两个要点。

（1）相关性。延伸出的新品牌或新产品需要与现有品牌有一定的相关性，这样新品牌或新产品才可以更好地利用现有品牌的形象力与影响力。

（2）市场调研与分析。在选择品牌延伸方向时，公司要进行深入的市场调研与分析，了解目标市场的竞争格局、潜在机会等，以确定合适的延伸方向。

以安踏为例，安踏是我国体育用品行业的领导品牌，为用户提供专业、多功能的体育用品。在品牌延伸方面，安踏始终聚焦体育用品市场，延伸出针对不同用户的品牌。

例如，儿童服饰领域的消费潜力巨大，存在很大的发展空间。基于此，安踏推出了"安踏儿童"这一延伸品牌。"安踏儿童"是面向儿童的专业运动品牌，为儿童提供专业、高质量的运动装备，以满足儿童在体育比赛、户外运动、体育课上等多种运动场景中对装备的需求。

此外，针对旗下其他品牌，安踏也制定了完善的品牌延伸策略。2009年，安踏收购了意大利高端运动时尚服饰品牌FILA在我国的商标运营权，开始运营FILA品牌。基于FILA品牌，安踏推出了定位于高端市场的儿童服饰品牌FILA KIDS，以及主打年轻人市场的品牌FILA FUSION，来探索不同时尚趋势。

安踏的品牌延伸策略使其实现了多元化扩张。除了推动自身品牌的增长外，安踏还积极收购其他品牌，并进行品牌延伸，以进入更多细分市场，实现快速增长。

总之，品牌延伸是公司通过多元化模式实现扩张的重要手段。在公司多元化扩张的过程中，制定合适的多元化品牌策略十分重要。公司可以基于现有品牌进行针对细分领域的品牌延伸，创立新品牌，也可以收购其他有潜力的品牌，快速进入新市场。

5.1.3 盲目扩张往往只会带来失败

现实中，很多公司都会在多元化扩张中走向失败。原因在于这些公司在扩张过程中十分盲目，如全力推行扩张策略，导致资金紧张，难以支撑主营业务发展；没有明确的扩张规划，导致公司付出了很多成本却难以获得回报等。盲目扩张会给公司带来毁灭性的打击。

公司在决定实施多元化战略之前，需要解决先做大还是先做强的问题。否则，公司很可能会扩张失败。

某公司在其创始人赵某的带领下，从最初只有不到100万元资产的小公司，成长为拥有100多亿元资产、旗下有3家上市公司以及几百家直属公司的大集团。

赵某对多元化扩张近乎痴迷。为了实现扩张，赵某实施多元化战略，使公司在不到 5 年的时间里从一家制药公司迅速裂变成一个涉及商业、汽车、媒体等行业的综合性大集团。而这种草率的扩张行为让公司的发展陷入困境。

由于经营不善，在不断扩张之后，公司欠下数十亿元银行贷款，进而陷入了财务危机。最终，该公司被其他集团收购。

上述案例表明，盲目扩张的多元化战略在激烈的市场竞争中是很难抵御风险的。公司的运营是复杂的，涉及采购、生产、仓储、销售等诸多环节。如果公司盲目扩张，公司面临的风险就难以管控，还会占用很多资源，影响公司的正常发展。

多元化战略可以推动公司的发展，但在推行多元化战略时，公司需要了解多元化战略可能带来的风险，并妥善应对。具体来说，多元化战略可能会给公司带来以下风险。

1. 运营风险

公司选择实施多元化战略，就意味着公司要有多样化的产品、需要进入新的市场。不同产品的生产工艺和营销手段不同，在市场开发、渗透方面也存在区别，需要员工具备相应的专业知识和技能来应对挑战。

因此，公司在实施多元化战略时，要注意提升员工的专业性，积极引入专业化人才，对员工进行全方位的培训，让其掌握新的业务知识、熟悉新的工作领域，以降低运营风险。

2. 资源分散风险

公司拥有的资源是有限的，产品品类增加，会分散公司的资源。如果处理不当，就会对公司的主营业务以及核心产品造成影响，阻碍公司的进一步发展。因此，公司在实施多元化战略时，需要重新配置内部资源，加强协调与管理，以降低资源分散风险，保证公司顺畅运转。

3. 成本风险

公司实施多元化战略需要付出一定的成本，如市场开发成本、新业务运营成本等。如果公司进入新市场投入巨大成本，却产生了负盈利，那么公司付出的代价不仅是进入新市场所付出的成本，还包括在新市场运营过程中产生的亏损。

很多公司管理者坚信"鸡蛋放在不同的篮子里才是最安全的"，因此希望通过多元化战略降低公司经营风险。但换个角度来看，"将鸡蛋放在不同的篮子里"需要更多成本。因此，公司在实施多元化战略时应该进行综合考量，分析实施多元化战略需要面临的成本风险，并思考应对策略。

具体来说，在实施多元化战略、进行扩张时，公司需要做好以下几个方面。

第一，整合内部资源与能力。在实施多元化战略时，公司需要充分整合内部资源与能力，思考当前的资源与能力能否满足多元化扩张的需要。同时，公司还需要做好规划，以现有资源与能力逐步推动新业务的发展。

第二，风险与收益平衡。多元化发展需要公司付出一定的投资成本，公司会面临一定的投资风险。公司需要评估多元化发展战略潜在的风险与收益，适当调整战略，尽量实现收益与风险的平衡。在投资之前，公司需要对投资标的进行严格的尽职调查，并进行风险与收益预测，从而规范投资行为，将投资风险控制在可承受范围内。

第三，进行管理与组织变革。多元化发展和业务扩张将为公司带来新的挑战。为了让扩张更加顺利，公司需要适当进行管理和组织上的变革，如变革公司管理体制、建立适应新业务需要的组织结构等。同时，公司需要加强对新业务的监控和评估。

公司可以从以上几个方面出发，做好实施多元化战略、调整公司业务的规划，让多元化扩张更具条理性。这也能够助力公司做出科学的扩张决策，把控扩张过程中的风险，避免进行盲目扩张。

5.1.4　万达集团：多元化模式催生商业"大咖"

万达集团旗下有很多产业，涉及多个领域、多个行业。其中，万达广场城市综合体是万达集团独创的商业地产模式；万达酒店管理有限公司在全国范围内经营着近百家五星级和超五星级酒店；万达文化产业集团涉及电影院线、报刊传媒等多个领域，规模庞大；万达电影股份有限公司搭建了完善的影视产业链。除此之外，万达体育、万达金融集团、万达网络科技集团等也是万达集团的重要组成部分。

万达集团的商业模式具有以下特点，如图5-2所示。

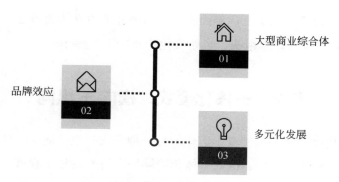

图 5-2　万达集团商业模式的特点

1. 大型商业综合体

万达集团以大型商业综合体为载体，融合了商业、旅游、文化等多种业态，形成了一种独特的商业模式。其中，万达广场作为万达集团的核心品牌，集购物、娱乐、餐饮、文化、旅游等于一体，为消费者提供高品质的服务，消费者能够获得全方位的购物体验，满足了消费者多元化的需求。

2. 品牌效应

万达广场的品牌效应使万达集团的商业价值得到了提升。万达广场拥有高端、时尚、多元化的品牌形象，具有很高的知名度。万达集团通过建设万达广场这一品牌，使其在商业地产领域的知名度得到了提升，具有更强的市场竞争力。

3. 多元化发展

万达集团的产业涵盖了商业地产、文化、旅游等多个领域，通过并购、合作等方式形成了多元化的产业布局。多元化经营降低了万达集团的业务风险，提高了万达集团的盈利能力。

基于在商业地产领域多年的积累，万达集团的发展规模不断扩大。在顺利上市后，万达集团布局多个领域，积极推进多元化发展战略。在文化产业领域，万达集团成立了万达影视、万达动画等公司，多方面发展文化业务。在互联网金融领域，万达集团推出了多款互联网金融产品，并在支付、风险控制等领域进行业务布局，形成了一个完善的金融服务体系。

多元化模式推动了万达集团的全面发展并助力其快速崛起。如今，万达集团不仅是商业地产巨头，也是文化产业巨头。

5.2 一体化模式：横向＋纵向

一体化模式是扩张型资本运作的另一种模式，包括横向一体化与纵向一体化两种模式。其中，横向一体化能够提高行业的集中程度，减少竞争者的数量，增强公司的市场支配能力。纵向一体化可以整合产业链上下游资源，确保产品供应的连续性和市场的稳定性，减少公司对外部供应商的依赖，降低外部风险。

5.2.1 横向一体化：借势快速扩张

新成立的公司怎样与行业巨头竞争并在短时间内成功上市？公司可以借助第三方的帮助，实现自身的快速扩张。在这方面，拼多多给出了一个可供学习的方案。

2018 年 7 月，拼多多在上海证券交易所和纽约证券交易所同时开盘，宣布以"PDD"为股票代码在纳斯达克上市；同年 9 月，拼多多创始人黄峥身价超过小米创始人雷军，达到 155 亿美元；同年 10 月，黄峥以 950 亿美元的个人财富进入胡润百富榜，排名第 13。

拼多多成立于 2015 年 9 月，从创业到上市，拼多多只用了 34 个月的时间。不仅如此，拼多多还是除了阿里巴巴和京东以外，市值最高的上市电商平台。拼多多究竟是如何做到在这么短的时间内吸引 3 亿多用户和超过百万的卖家，且产品交易规模达到千亿元，获得数百亿美元的资本估值，与阿里巴巴、京东等互联网行业的巨头并驾齐驱的？拼多多的快速发展与其借势快速扩张密不可分。

1. 借势获得资本

腾讯的掌门人马化腾是拼多多最重要的投资者。腾讯第一次投资拼多多是在 2016 年，后来又参与了拼多多 1.1 亿美元的 B 轮融资和 30 亿美元的 C 轮融资。可以说，在拼多多的发展道路上，腾讯为其带来了巨大的资本和流量。

拼多多最初创立时的投资主要来源于网易创始人丁磊。除了提供资金外，丁磊还为黄峥引荐了段永平。段永平是 OPPO、vivo 以及小霸王游戏的创始人，也是拼多多创立初期的核心投资者。

拼多多的投资者中有一些对其电商业务有所帮助，如顺丰的掌门人王卫和"淘宝之父"孙彤宇。前者在拼多多的 A 轮融资中投入了上百万美元，还为拼多多提供了电商物流方面的支持；后者除了提供资金外，还为黄峥提供了许多宝贵的电商运营经验。

此外，拼多多和黄峥的背后还有很多强大的投资机构。高榕资本的张震在投资拼多多时，只用了 15 分钟就敲定了这一笔巨额投资。他在接受采访时表示，这样做的原因是他坚定地相信黄峥。

拼多多之所以能以火箭一般的速度上市，离不开其背后诸多投资者的支持。借投资者之势，拼多多实现了前期的快速扩张，最终成功上市。

2. 借势获得流量基础

一直以来，电商市场的竞争都十分激烈，既有像阿里巴巴和京东这样的大型平台巨头，又有唯品会、网易严选等垂直电商领域的先锋。而拼多多能够以不到 3 年的时间快速扩张市场、改变电商行业的格局，一个重要的原因就在于拼多多站在了"巨人"的肩膀上谋发展，这个"巨人"就是腾讯。

拼多多上市前，腾讯在拼多多的持股比例高达 18.5%，是拼多多的第二大股东。除了巨额的资金支持外，腾讯还在流量、技术等方面为拼多多提供支持。

拼多多以"社交 + 拼团"的模式发展。在这方面，微信为其社交模式提供流量入口和流量池，帮助其快速发展奠定基础；微信的支付功能还解决了拼团模式所需的支付工具的问题。同时，借助腾讯的巨大流量，拼多多吸引了更多人加入网购。拼多多通过拼手气、拉新人得优惠等方式吸引用户将活动分享至朋友圈、微信群，既提高了用户黏性，又提高了用户交易频次，快速建立起了新的生态圈。

拼多多借助腾讯提供的流量获得了快速增长，实现了"社交 + 拼团"电商业务的快速发展。

3. 借势创新商业模式

黄峥曾在给股东的信中表示，拼多多建立并推广的是一种全新的购物理念和体验，那就是"拼"。拼多多始终坚持以优惠的价格将好东西推荐给合适的人。

"拼"既是拼团也是拼价，是拼多多在传统社交电商模式的基础上创新的新商业模式。前者以成熟的社交商业模式为基础，如微信社交；后者以成熟的电商模式为基础，涉及物流、制造等多个方面。

事实上，黄峥不仅引入了传统社交电商模式，还对其进行了不断创新，例如，打造了差异化、个性化的"Facebook式电商"；学习今日头条的信息流模式，打造拼多多的产品流等。

除此之外，黄峥还提出另一个更加大胆的创新模式，就是将拼多多打造成Costco（好市多，美国连锁会员制仓储量贩店）与迪士尼（美国的一家娱乐公司）的结合体，实现高性价比产品和娱乐的结合。黄峥将其解释为：在"分布式智能代理网络"驱动下，使Costco和迪士尼结合在一起。

黄峥通过创新商业模式，使拼多多的优势不断扩大，甚至颠覆了整个电商行业的格局。他清楚用户才是实现商业模式创新的"土壤"，并一再强调，拼多多之所以能成功，一大半靠的是运气，单靠团队的努力和经验是不够的，更重要的是来自深层次的底层力量的推动。

拼多多的目标用户是中小城市、乡镇和农村的数亿人口。其创造性地推出了"拼"的互动方式来吸引用户，让用户可以通过拼团或者拼价购买到性价比更高的产品。

通过拼多多的案例我们可以发现，拼多多的成功具有一定的必然性。在发展过程中，拼多多集合了腾讯、高榕资本等多方的力量，借助它们的支持，拼多多有了扩张的资金和流量基础，实现了整体业务的快速发展，并最终成功上市。这种扩张方式值得其他公司学习借鉴。

5.2.2　纵向一体化：纵向扩张提升竞争力

纵向一体化模式指的是公司在现有业务的基础上，沿着产业价值链向上、下游延伸，最终扩大业务范围的一种扩张模式。这种扩张模式可以提高公司在某一领域的影响力，打造高认知度、高价值的品牌。当前，不少公司都在发展过程中采用纵向一体化模式，以提升自身在领域内的竞争力。

以比亚迪为例，作为我国知名车企，比亚迪瞄准车辆制造领域进行纵向扩张。比亚迪的业务不局限于汽车制造，还包括电子业务、电池业务等。

1. 汽车制造

在汽车制造领域，比亚迪聚焦新能源汽车，推出了纯电力、插电式混合动力等多种类型汽车。同时，比亚迪不断加大资金与人力投入，积极进行研发和创新，推出了涡轮增压发动机、双离合变速箱等产品。

除了乘用车之外，比亚迪在商用车领域也加深了探索。当前，比亚迪已经推出多样化的纯电动出租车、纯电动大巴车，成为全球领先的新能源公交车制造商。同时，比亚迪还自主研发了全电动单轨轨道交通系统"云轨"，着手布局城市轨道交通领域。此外，比亚迪的纯电动专用车，如叉车、混凝土搅拌车等产品一经推出就备受市场青睐。

在产业链纵向扩张方面，比亚迪将汽车零部件的生产纳入自身汽车业务的范畴，推出了 DM-i 动力系统、汽车控制器等多种产品。

2. 电子业务

比亚迪的电子业务可以拆分成以下三个板块：

（1）消费电子业务：产品包括智能手机、笔记本电脑等；

（2）智能产品：产品包括智能家居产品、游戏硬件等；

（3）新能源汽车智能系统：包括智能网联产品、智能座舱产品等，如车载智能模块、智能驾驶系统、智能底盘等产品。

3. 电池业务

电池业务也是比亚迪的重要业务板块之一。在发展早期，比亚迪以锂铁电池作为电动车的动力来源。此后，比亚迪不断加大在电池领域的研发力度，推出了多种先进的锂电池。

（1）磷酸铁锂电池：具有高能量密度、寿命较长、安全性高等特点。这种电池在比亚迪电动汽车中的应用大幅提升了其电动汽车的竞争力。

（2）三元锂电池：进一步提升了电池的续航里程。比亚迪不断优化、提升这种电池的安全性，以保障用户安全。

在推动电池技术创新方面，比亚迪实现了固态电池技术的突破，并推动了固态电池技术的应用。固态电池在能量密度、寿命、充电速度等方面都具有显著的优势，能够进一步提升汽车性能。

从比亚迪的业务布局可以看出，比亚迪基于自身在汽车领域的竞争优势，不断深化其在汽车领域的纵向发展之路。除了汽车制造外，比亚迪的业务纵深拓展到电子业务与电池业务。电子业务的发展可以为汽车制造提供各种零部件，而电池业务的发展为汽车提升续航能力和动力提供了支持。在各种业务协同发展下，比亚迪的汽车制造业务得以实现更好的发展。

5.2.3　沃尔玛是如何成为零售商巨头的

从扩张路径方面进行细分，纵向一体化模式可以分为前向一体化和后向一体化两种。其中，前向一体化指的是公司瞄准产业链的下游进行扩张；后向一体化指的是公司瞄准产业链的上游进行扩张。

作为全球最大的连锁零售商之一，沃尔玛的扩张之路就采用了纵向一体化模式，并在前向一体化与后向一体化两方面均有所布局。下面将详细拆解沃尔玛的扩张之路。

沃尔玛在采购、仓储、物流、销售四个主要零售环节均有所布局，构建了完善的产业链体系。纵观整个零售产业链，沃尔玛与产业链上游供应商紧密协作，实现更高质量的产品生产；在下游，沃尔玛致力于连接更多用户，以促进销量增长。

在前向一体化扩张方面，沃尔玛推出了自有 App、微信小程序等，搭建了完善的线上购物平台，使用户可以在线上选购产品，为用户购买产品提供便利。在后向一体化扩张方面，沃尔玛推出了自有品牌"惠宜"，主营食品、日用品等多种产品。该品牌产品由沃尔玛与厂家直接合作生产，实现了沃尔玛向上游产品生产环节的扩张。沃尔玛建立了一套严格的质量标准，对产品质量进行严格把控。高品质且具有价格优势的产品受到了广大用户的青睐。

纵向一体化模式极大地推动了沃尔玛的发展，这主要体现在以下几个方面，如图 5-3 所示。

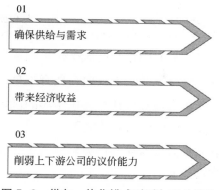

图 5-3　纵向一体化模式对沃尔玛的推动

1. 确保供给与需求

在供给端，如果缺少对生产环节的把控，那么沃尔玛供货就要依靠供应商，这无疑会给沃尔玛的发展埋下隐患。例如，在市场上某种产品的需求激增时，沃尔玛需要及时调整采购方案，来采购更多相关产品。但由于供应商拥有很多客户，可能难以按照沃尔玛的要求为其提供更多产品。这会导致沃尔玛供货不及时，进而影响收益。而在通过后向一体化扩张对产品生产环节进行控制后，沃尔玛就能灵活地根据市场需求制订采购计划，保证产品的及时供应。

2. 带来经济收益

从前向一体化扩张的角度来看，开发自有 App 和推出微信小程序可以为沃尔玛吸引广泛的用户流量，减少依托第三方平台销售产生的费用。同时，通过对自有 App、微信小程序中用户数据的分析，沃尔玛能够了解用户反馈，进而有针对性地提升用户体验，获得更多盈利。

从后向一体化扩张的角度来看，沃尔玛对生产环节的把控，省去了经销商环节，一定程度上降低了成本。同时，沃尔玛可以根据市场需求对产品价格进行把控，并进行精准的市场投放，进而获得更多收益。

3. 削弱上下游公司的议价能力

如果沃尔玛的产品供应完全依赖于上游供应商，那么定价权就会掌握在供应商手中，甚至因为信息不对称，沃尔玛可能会付出更高成本。而在沃尔玛完成向上游扩张，对生产环节有一定控制力之后，其会更加了解产品的生产成本、定价是否合理、供应商赚取的利润等。在这种情况下，供应商的议价能力会被大大削弱。

在沃尔玛推出自有 App 与微信小程序之前，京东商城是沃尔玛的重要线上销售渠道。沃尔玛需要向京东商城支付手续费，还需要参加京东的各种购物节，被动降价进行产品销售。而在拥有了自己的线上销售渠道和稳定的流量后，在与京东商城的合作中，沃尔玛的议价能力有所提升。基于双方的深度合作，沃尔玛成为京东的股东之一。

总之，纵向一体化模式为沃尔玛的发展注入了强劲的动力，助力沃尔玛持续扩张、实现稳定发展。

5.3　扩张型资本运作的注意事项

公司进入资本扩张阶段后，要注意扩张过程中可能出现的问题，提前对潜在风险进行预测并制定解决方案。公司需要关注资本扩张过程中来自外部、内部的一切可能对自身发展造成影响的因素。

5.3.1　应对来自巨头的外部竞争压力

如何应对行业巨头带来的竞争压力是每一个公司在扩张阶段都会面临的问题。公司可以运用以下几个原则，做到以小胜大、以弱胜强。

1. 移动原则

移动原则指的是延迟竞争对手的攻击，寻求竞争机会。换言之，就是不与强劲的竞争对手正面对抗。在践行这一原则时，公司需要注意两个要点。

第一，要学会低调发展，把握时机壮大自己的实力，不要过度宣传自己，以防引起竞争对手的关注。例如，在发展初期，某初创公司与其他初创公司积极做宣传不同，它没有大力进行宣传推广，而是尽力保持自己的神秘感。3 年之后，当公司终于研发出极具竞争力的产品时，才主动发声，为产品和公司做宣传。

这是因为当时市场上的竞争对手较多，且不乏资金充足、技术先进的巨头公司。一旦该公司公布自己的研发计划或过早进行宣传推广，就会吸引竞争对手的注意，竞争对手可能会先一步研发出类似产品。这会对该公司的发展造成致命打击。而正是因为该公司选择低调发展，所以它才能在推出产品后占据市场优势，实现迅猛发展。

第二，寻找合适的竞争空间。这可以通过更换竞争赛道、重建竞争规则等方法实现。例如，相较于市场中的各种果汁、乳制品等饮品，王老吉的口味优势并不明显。但其并未聚焦口味与其他产品竞争，而是打造了"怕上火，喝王老吉"的标签，突出了其独特饮用价值。

2. 平衡原则

平衡原则指的是公司要时刻做好"战斗"准备，面对竞争，要以守为攻，钳制住竞争对手，达到一种平衡的状态。公司可以通过合资、股权交易等方式与竞争对手合作，通过双方一起"分蛋糕"的方式避免冲突。公司还可以与其他公司合作，一起对抗行业巨头，共同承担成本和风险。

3. 杠杆原则

杠杆原则指的是在竞争中找到杠杆借力的支点，将竞争对手的优势变为自己的优势。在这方面，公司可以分析竞争对手的资源优势、管理优势等，从中找到自己可以打造的优势。

很多人认为，大公司实力雄厚，从有形资产到品牌、知识产权等无形资产，都具有小公司难以比拟的优势。实际上，这种优势有时也会成为劣势。例如，大公司拥有大量无形资产，意味着其需要投入更高的成本进行运营和维护，在成本方面有劣势。

此外，一些大公司在产品管理、用户管理等方面需要投入巨大的精力与成本，因此往往会收取会员费用、产品使用费用等。而一些规模较小的公司就可以反其道而行之，支持用户免费入会或者向用户免费开放部分产品，从而建立竞争优势。

行业巨头并非不可战胜，再强大的竞争对手也会有弱点。公司遵循以上原则，制定合适的竞争策略，就可以以小胜大，顺利发展下去。

5.3.2　突破内部瓶颈，维持稳定增长

公司在资本运作的过程中会面临诸多问题，可能会导致资本运作效率

降低，经济效益增长的空间被压缩，影响公司的稳定发展。公司需要在进行扩张型资本运作的过程中突破公司内部的发展瓶颈，以实现稳定增长。具体来说，公司内部发展瓶颈主要有以下两个。

第一，融资结构不合理。

融资结构不合理是很多公司在扩张过程中会遇到的问题。例如，一些公司过度使用财务杠杆，债务融资过多，公司的偿债负担很大。这时，一旦公司的账款回收不及时，导致资金链断裂，且流动资金无法偿还债务，就会引发债务危机。融资结构决定公司资本运作的风险系数和综合效益。如果融资结构不合理，就会导致公司资金链断裂，增加经营管理的风险，进而影响公司的可持续发展。

公司需要选择适合自身发展需求的融资方式。例如，对于已经推出具有竞争力的产品，且发展潜力较大的公司来说，可选择的融资方式很多，如短期贷款、长期贷款、发行债券、进行私募股权融资等。但是公司需要认真设计融资结构，合理规划资金使用情况，实现短期贷款与长期贷款相结合。同时，公司需要避免大规模举债，明确融资规模，避免后期出现较大的资金缺口。

第二，内部组织系统发展落后。

在公司资本运作的过程中，随着公司的扩张，公司原有的内部组织系统可能会跟不上公司扩张的步伐，从而存在一些不合理的地方，如组织职能建设与公司发展规模不匹配。一些公司在资本运作过程中升级了经营策略，但并未对相应的组织职能进行升级，使得组织系统无法满足公司发展的需要。

针对这种问题，公司需要强化内部组织系统建设，使组织发展与业务成长相匹配，激活组织活力，提升组织运转效率。公司还需要适时对组织系统进行迭代，明确组织职能，避免出现职能交叉、职能错位等问题，使组织职能与公司发展相匹配。

第 6 章

收缩型资本运作：
逆势操作提升实力

收缩型资本运作是指公司将部分资产、子公司、某一部门或分支机构转移到公司之外，以达到缩小公司规模的目的，是扩张型资本运作的逆操作。

它的目的是提高运行效率，本质是对公司的总规模及业务范围进行调整，从而使公司价值最大化。进行收缩型资本运作的公司通常会选择放弃那些规模较小且无法作出较大贡献的业务，或者与核心业务协同度较低的业务。收缩型资本运作的宗旨是推动核心业务的发展。

6.1 资产剥离：转移部分资产

在股份制改制的过程中，公司需要从原公司账目中分离出不属于拟建股份制公司的那部分资产和负债，这种行为就是资产剥离。资产剥离不是公司经营失败的标志，而是公司为了进一步发展做出的合理选择。

6.1.1 什么是资产剥离

狭义的资产剥离指的是公司通过出售其拥有的业务线、资产、经营部门和子公司给第三方来获得回报的商业行为。回报的形式包含现金、股票、现金与股票的混合等。广义的资产剥离除了出售资产以外，还包括企业分立、股权切离等形式。

通过资产剥离，公司可以把自己名下不符合战略发展目标的部分资产出售给第三方，这些资产可以是固定资产，也可以是流动资产，甚至可以是整个子公司。公司将那些没有成长潜力、不符合公司长期发展战略、阻碍公司整体业务发展的部门或单项资产剥离出去，可以使所有资源都能集中在重点项目上，从而提高核心竞争力。资产剥离可以使公司资产配置更有效，资产质量更佳，资产的市场价值更高。

中国人寿在上市之前就曾进行大量的资产剥离。通过将原本的中国人寿保险公司分成 3 个公司，由母公司中国人寿保险（集团）公司来承担剥离后产生的巨额利差损失，而帮助中国人寿保险股份有限公司顺利上市。

公司之所以要进行资产剥离，主要是因为需要调整经营战略以适应经济环境变化，进而提高管理效率和资源利用效率。资产剥离可以帮助公司在出现决策失误时及时弥补，获取税收或管制方面的收益。

上市公司的资产剥离主要有以下两种方式。

1. 单纯资产剥离

上市公司可以根据自身的经营目标或者发展需要进行简单的资产剥离。这种剥离方式与出售公司较为相似，也可称为正常的资产剥离。

2. 战略性资产剥离

上市公司通过评估自身所有资产的质量，剥离一部分不良资产给其母公司，母公司对这部分资产进行整合、处理后，上市公司再以一定价格将其回购。这种剥离方式使负债和不良资产一起被剥离，是上市公司剥离不良债务的一种有效手段。

6.1.2 资产剥离的四种路径

当陷入债务危机，或者需要筹集资金满足扩张需求，强化公司核心业务，提升核心竞争力时，公司一般会选择资产剥离。资产剥离有四种路径，如图6-1所示。

图6-1 资产剥离的四种路径

下面通过案例来说明这四种路径。B公司是A集团旗下的一家子公司，主营制造业务。B公司的资产分为主业资产和副业资产，其中，主业资产包括货币资金、应收账款、应收票据等；副业资产包括厂房、办公楼等。为了将B公司的主业做大，A集团决定将B公司的副业资产剥离，由集团旗下的另一家子公司——C公司继承。

1. 买卖

首先，A集团需要全资成立一家子公司——C公司，然后让B、C两家公司签署资产买卖合同，将B公司的副业资产出售给C公司，C公司需要向B公司支付货币资金。在这一过程中，如果B公司将资产、债权和劳动力资源等一并转让，就不需要在过户时缴纳增值税。而企业所得税、土地增值税、契税仍需要按照相关规定进行缴纳。

2. 划转

划转与买卖的方式相似，B、C两家公司需要签署资产划转合同，将B公司的副业资产划转给C公司，但C公司不需要支付对价。在这一过程中，B公司并未获得资金，因此可以享受企业所得税税收优惠政策。由于B、C两家公司都是A集团的全资子公司，因此也可以免征契税。

3. 投资

B公司需要委托资产评估事务所评估自己名下副业资产的价值，与C公司签署股东会决议、投资协议等法律文件，将自己的土地、房产所有权转让给C公司，办理不动产过户手续和相关工商登记手续。在这一过程中，两家公司需要缴纳相关税款。

4. 分立

B公司与C公司签订分立协议，及时通知债权人，并在一段时间内进行登报公告。两家公司将共同继承分立前的债务，承担连带责任，还需要共同申请办理过户手续。简而言之，分立可以拆分成两个步骤：A集团从B公司撤资后得到了B公司的土地和房产；A集团再将这些土地和房产用于投资C公司。

6.1.3　TCL集团：资产剥离推动创新

资产剥离能够将不符合公司长期发展战略的业务剥离出去，为公司带来更多的现金流，增强公司的核心竞争力，帮助公司实现长远发展。

TCL集团在传统手机通信行业发展缓慢、半导体行业发展潜力巨大的情况下，毅然决定剥离非核心资产，专注于核心业务。

1. 调整公司战略方向

TCL集团通过资产重组的方法进行资产剥离，公司结构和管理理念都发生了巨大的变化。资产剥离后，TCL集团专注于面板业务，因此发展路径更加聚焦。剥离资产既减轻了TCL集团的财务负担、降低了多元化经营带来的负面影响，又有利于其专注于发展核心业务。

2. 提升公司短期市场反应

资产剥离直接影响到 TCL 集团的市场表现。投资者重新了解 TCL 集团的主要业务，并对其市值做出了新的评估。TCL 集团的股票因此摆脱了停滞状态。

TCL 集团及时把握产业发展趋势，结合自身优势做出了资产剥离的战略选择，得到了市场投资者的广泛认同。因此，TCL 集团的超额收益在剥离后的首个交易日就得到了显著提高。

3. 改善公司财务质量

进行资产剥离后，TCL 集团获得了巨大的收益。相较于剥离前，其财务表现总体呈现上升趋势，财务质量有了显著的提高。由于合并报表范围减少，再加上重新整合资源、改革管理制度，因此 TCL 集团的生产成本得以降低，经济管理水平提高，利润空间进一步扩大。

资产剥离对 TCL 集团原有的业务结构进行了全新的调整，使其集中资源专注于面板业务，实现特色化经营，提升了资产质量。

6.2 公司分立：转移子公司

公司分立就是公司将自己拥有的某一子公司的全部股份，按照一定比例分配给母公司的股东，使子公司的经营能够在法律和组织上与母公司的经营分离开来。

这种资本运作方式能够使子公司成为一个股东架构和股权架构都与母公司相同的新公司。在公司分立的过程中，不存在股权和控制权向第三方转移的情况，母公司的实际价值也没有改变，但是子公司有了单独面对市场的机会，可以进行独立的价值判断。

6.2.1 公司分立的概念及分类

公司分立是公司合并的反向操作，分立后各公司之间不存在管理上的从属关系或者控股、参股关系，各公司是完全独立的法人。

以原公司法人资格是否丧失为标准，公司分立可以分为新设分立与派生分立两种形式。

1. 新设分立

新设分立也称解散分立，是指公司将其拥有的全部财产进行分割，并解散原有的公司，使资产分别归入两个或两个以上的新公司。

在新设分立中，原公司的财产将按照各个新公司的性质、业务范围等进行重新分配。同时，原公司解散后，其债权、债务将由新公司共同继承。新设分立是在原公司丧失法人资格的前提下成立新的公司。

2. 派生分立

派生分立也称存续分立，指的是按照法律规定将一个公司的部分财产或业务分割，成立两个或两个以上的新公司。

在存续分立中，原公司继续存在。原公司的债权、债务可以由原公司和新公司共同承担，也可以按照协议由原公司独立承担。存续分立保留了原公司的法人资格，也使新公司取得了法人资格。

公司分立并不是指公司完全解散，而是一种公司组织法定变更的特殊形式。无论是何种形式的分立都不需要经过清算程序。因此，我们可以将公司分立看作一种法律层面上的，公司可以在不被消灭的情况下分解的简化程序。公司分立会导致原公司主体和权利、义务发生变更，涉及相关主体的利益，因此分立的每一个环节都必须严格按照《公司法》的规定进行。

公司分立是由于社会生产分工所导致的，它的优势主要体现在以下两个方面：一方面，公司分立能够充分发挥生产专业化和职能化的优势，帮助公司提高生产能力；另一方面，公司分立可以助力公司巧妙地进行纳税筹划，帮助公司减轻税负。可以说，公司分立的战略规划深刻影响着公司的生存发展。

6.2.2 如何做好公司分立

公司分立属于重大法律行为，必须严格按照法律规定的程序进行。进行公司分立，需要先由股东会作出分立的决议，且必须经过2/3以上的股东表决通过。决议通过后，要对财产进行分割，并编制资产负债表以及财产清单。此外，还必须在作出决议之日起 10 日内通知债权人，并于 30 日内在报纸或国家企业信用信息公示系统上进行公告。具体来说，公司可以遵循以下步骤做好公司分立，如图 6-2 所示。

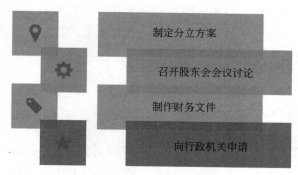

制定分立方案

召开股东会会议讨论

制作财务文件

向行政机关申请

图 6-2　做好公司分立的步骤

1. 制定分立方案

公司分立相当于在现有的基础上建立一个新公司，这并不是一件简单的事，尤其要注意其中的财务问题。公司董事会必须召开会议，制定分立方案，确定分立的流程。会议及方案的内容主要包括公司分立的原因、目的，以及公司分立后的章程等。

2. 召开股东会会议讨论

明确了分立方案之后，由全体股东召开股东会会议，围绕公司的债务承担问题进行讨论，并制定债务分担协议，以保证原公司的债务由分立后的多个公司共同承担。股东会对分立方案予以通过之后才能作出股东会决议。

3. 制作财务文件

财产分割是公司分立过程中的一个重要环节。资产负债表可以帮助各方了解公司的债务和财产情况，以便对公司资产进行合理分配，优化资源配置。分割财产需要由股东会授权同意，董事会负责具体的执行。

4. 向行政机关申请

由于涉及公司变更，因此公司分立需要向相应的行政机关提出申请，并在申请通过后及时告知债权人。债权人的利益受法律保护，对公司分立具有知情权。

公司分立需要满足以下三个条件：第一，外商投资公司分立，合营的各方投资者都必须按照合同和章程的规定缴清出资，提供合作的条件且已经开始实际的生产经营；第二，如果采取派生分立的形式，存续的公司需要办理变更登记，分立后新设的公司需要办理设立登记。如果采取新设分立的形式，原公司解散后需要办理注销登记；第三，分立后各公司的注册资本额相加应等于分立前原公司的注册资本额。

6.2.3　国芳置业的分立之路

兰州国芳置业有限公司（以下简称"国芳置业"）主要从事房地产开发、房屋销售等业务。为了强化超市、百货、电器连锁经营等零售业务的优势，国芳置业将与零售业无关的资产和业务剥离出来设立了物业管理分公司，实施存续分立。按照分立方案，国芳置业和物业管理公司将依法继承原国芳置业名下的资产、负债和业务等。

国芳置业采取的分立方案如下所示。

1. 分立原则

国芳置业明确了一个分立基准日，基准日的资产、业务按照业务相关原则和历史原因划分，负债根据资产、业务的归属进行划分。基准日至分立后工商注册日期间的损益，按照资产归属划分。负债和资产按照产生原因划分，如果无法判断负债和资产的归属，就进行平均分配，子公司的负债和资产随其股权进行划分。

2. 业务及资产的划分

国芳置业的商业物业以及与商业物业相关的资产由国芳商业投资管理有限公司接收，其他资产由存续状态下的国芳置业继承。

3. 人员划分

存续状态下的国芳置业将接收原国芳置业的全部员工。

4. 基准日至完成日的损益归属

由分立后的各家公司按照自己所继承的业务、资产、负债等承担相应的损益，如果无法确认归属将按照平分原则处理。分立完成后，如果公司的净资产值低于实收资本，需要各股东按比例将其补足。

5. 验资

中喜会计师事务所对存续状态下国芳置业的注册资本减少和实收资本的情况进行了审验，并出具验资报告。

由上述方案我们可以了解国芳置业的分立过程：首先，确定分立基准日和分立原则；其次，根据基准日和分立原则做好业务、资产及人员的划分；再次，对基准日到分立完成期间的损益归属进行划分；最后，委托会计师事务所对出资情况进行审验，并完成新公司的工商登记。

6.3　分拆上市：增加融资渠道

从广义上来看，分拆上市就是将已上市或未上市公司中的部分业务分离出来单独上市。从狭义上来看，分拆上市指的是已经上市的公司将自己的部分业务或子公司分离出来，另行招股上市。分拆上市可以拓展公司的融资渠道，帮助子公司从外部筹集资本。

6.3.1　政策支持，分拆上市不断升温

2023 年 3 月，华润电力发布公告，表示董事会正在筹划分拆其新能源业务，以推动新能源业务独立上市。

此次被分拆的主体为华润新能源控股有限公司（以下简称"华润新能源"）。华润新能源为华润电力的附属公司，主营风电场及光伏电站业务。分拆上市完成后，华润新能源可以进入资本市场进行股权融资，为发展可再生资源筹集资金。

除了华润电力外，亨通光电、中国联通也发布了分拆旗下业务以及子公司的公告。

近年来，A 股市场再次掀起分拆上市的热潮。其背后的原因主要在于分拆上市的机制已经完善，并且与之配套的相关政策陆续出台。证监会允许符合条件的公司进行分拆上市，其发布的《上市公司分拆规则（试行）》对境内外分拆上市规则进行了详细的规定，完善了分拆上市的监管要求。分拆上市机制的完善为公司进行分拆上市、探索多元化的资本运作路径提供

了有力支撑。

对于上市公司来说，分拆上市能够让公司获得更多的股权融资机会，进一步推进公司的股权激励计划和持股计划，降低资金成本，优化公司的资本结构和股权架构，助推公司快速发展。

同时，分拆上市还能够整合公司业务，使公司将重心聚焦在主业上，推动公司科技创新和产业升级。相较于原公司，分拆后的上市公司规模较小，能做到聚焦主业，具有更广阔的成长空间，为证券市场注入了新鲜血液。

分拆上市后，原公司能够更加专注于某一主营业务领域，打破从前的"大而全，全而散"的经营格局，使公司重新焕发活力。

6.3.2　路径："A 拆 A" + "A 拆 H" + "H 拆 A"

分拆上市可以根据母、子公司分拆前后经营范围和关联情况的变化分为横向分拆、纵向分拆和混合分拆三种。

横向分拆指的是母公司将所处行业和主营业务相同或相似的子公司分拆至二级市场独立上市。在这种分拆方式下，由于母、子公司的业务高度同质化，容易产生同业竞争，因此，IPO（Initial Public Offering，首次公开募股）申请的通过率极低。

纵向分拆指的是母公司将处于不同行业领域、经营范畴具有较高异质性的子公司分拆出来单独上市，避免出现同业竞争的情况。但这种分拆可能使母、子公司同处于一条产业链，存在关联方交易的风险，使证监会的审查难度加大。

混合分拆多用于大型集团，剥离出盈利状况较好并且相对独立的业务成立新的子公司，再推动子公司成功上市。这种分拆方式有效规避了同业竞争和关联交易的风险，还能帮助公司实现效率提升，推动公司高质量发展。

公司分拆上市有三种可选择的路径。

1."A 拆 A"

这种分拆方式指的是由境内分拆至境内，通过登陆 A 股主板、创业板等方式帮助子公司成功上市。

2019 年以前，由于政策的限制，母公司必须放弃大部分股权、由控股子公司变成参股子公司，才能够实现分拆子公司上市的目的。随着限制条件放宽，2019 年 12 月之后，母公司无须放弃控制权也能成功分拆子公司实现境内上市。

部分上市公司还会通过"借壳"上市的方式助力子公司上市。即母公司出资收购一家上市公司，再由这家上市公司收购拟分拆的子公司，达成分拆上市的目的。这种分拆方式在一定程度上增加了资本运作的成本以及资源整合的难度，对上市公司的实力要求较高。

2."A 拆 H"

这种分拆方式指的是由境内分拆子公司到境外上市。通过这种分拆方式，母、子公司处于不同的市场，融资渠道更加多元化。但由于不同市场有不同的监管政策和审批流程，因此这种分拆方式对上市公司的要求更高，手续也更复杂。

3."H 拆 A"

这种分拆方式指的是由境外分拆至境内。通过这种分拆方式，境外公司可以更好地拓展我国市场。在具体操作上，母公司可以在我国成立一家全资子公司，将国内的全部资产交给这家子公司运营。该子公司也可以提出境内上市申请，在 A 股市场上市。

6.3.3 潍柴动力如何实现分拆上市

2022 年 11 月，工业装备公司潍柴动力发布公告称，将分拆旗下潍柴雷沃进行单独上市。潍柴动力在公告中表示，本次分拆后，潍柴动力仍然掌握着对潍柴雷沃的控制权。也就是说，潍柴雷沃依然是潍柴动力的子公司。

潍柴动力希望通过分拆实现业务聚焦，使潍柴雷沃成为公司下属的独立上市平台，最大限度地发挥资本市场优化资源配置的作用。分拆潍柴雷沃进行单独上市，能够使潍柴动力的业务与潍柴雷沃的业务协同发展，从而有效提升潍柴雷沃的市场影响力、综合竞争力以及品牌知名度。

　　此外，使用分拆上市的方式不存在同业竞争的问题。潍柴动力的主营业务为全系列发动机、工程机械、重型汽车以及汽车电子零部件等的生产、销售，潍柴雷沃的主营业务为智能农机产品以及智慧农业服务业务，二者之间不构成同业竞争关系。

　　此次分拆上市并不是潍柴动力第一次进行分拆上市。2021年2月，潍柴动力发布公告，宣布要将旗下的子公司潍柴火炬科技分拆至创业板上市。潍柴火炬科技主营产品包括火花塞、点火线圈、汽车水封、水泵及相关的零部件，属于汽车零部件行业下的细分行业。从业绩规模上看，潍柴火炬科技不如潍柴雷沃。但在农业机械化高质量发展的趋势下，未来潍柴雷沃和潍柴火炬科技谁能更胜一筹还未可知。

　　潍柴动力积极响应时代发展和市场变化趋势，发挥稳定资本市场的作用，先后采取了分拆潍柴火炬科技和潍柴雷沃并推动其上市的重要发展举措。未来，随着潍柴动力的业务线逐渐增多，规模逐渐扩大，其可能会分拆更多的子公司上市。

第 7 章

内生式资本运作：
在变革中实现崛起

　　内生式资本运作包括上市融资、员工持股计划、业务重组等活动。这种资本运作方式不仅可以帮助公司获得发展所需的资金和资源，还在深层次上推动公司内部的组织架构、业务单元优化升级，提升公司的运营效率，使公司获得更丰厚的收益。

　　内生式资本运作是公司进行资本管理的重要手段，更是公司崛起、铸就辉煌的关键所在。公司应深化内生式资本运作，不断优化资本结构，为自身的持续健康发展奠定坚实的基础。

7.1　融资：筹集花不完的钱

在当今经济高速发展的时代，融资已成为企业发展的重要手段。然而，很多人对融资的理解，往往局限于资金短缺时的救急之举。实际上，融资并非仅仅是为了解决当前的资金缺口，更是一种前瞻性的发展布局。融资并非简单地筹集资金，而是要在确保公司稳健发展的前提下，筹集到足够多、足够优质的资金，使公司在激烈的市场竞争中立于不败之地。

7.1.1　两大融资模式：债权融资＋股权融资

主要的融资模式有两种，分别是债权融资和股权融资。这两种模式各有其特点。

1. 债权融资

债权融资指的是公司通过举债获得资金，需要承担资金的利息，并在借款到期后向债权人偿还本金。债权融资主要用来解决公司运营过程中出现的资金短缺问题，而不是用于资本项下的开支。这是由其具有的以下特点决定的。

（1）在债权融资模式下，公司获得资金的使用权而非所有权，公司使用负债资金是有成本的，必须支付利息，并在债务到期时归还本金。

（2）债权融资具有财务杠杆的作用，能够提高资金回报率。

（3）相较于股权融资，债权融资可能会在一些特定的情况下引发债权人对公司进行控制和干预的问题，但一般不会影响公司控制权。

债权融资可以通过发行债券的形式进行，债券必须是公司按照法律程序发行的，需要具备债权和兑付条件，才能够进行资金借贷。发行债券包括私募与公募两种方式。其中，私募发行的条件比较宽松，能够满足公司多样化的融资需求，周期较短，没有发行总额要求。因此，很多公司将私募发行作为首选的融资方式。

2. 股权融资

股权融资指的是公司通过出售部分股权的方式筹集资金。例如，在急需资金时，公司可以将部分股权出售给投资者以换取资金。股权融资具有以下特点。

（1）与债权融资不同，股权融资不需要支付利息。同时，进行股权融资的公司也没有义务偿还其筹集的资金。这意味着，股权融资不会给公司带来额外的财务负担。

（2）为了筹集资金，公司需要分给投资者部分股份。这使得投资者能够参与到公司决策中，对公司决策产生影响。同时，公司需要按照投资者的持股比例为其分配利润。

在实际融资过程中，不少公司都会选择债权融资与股权融资相结合的方式。例如，某公司计划通过新建工厂和购买新设备来扩大业务，需要筹集 5000 万元的资金。为了筹到这笔钱，该公司决定通过债权融资与股权融资两种方式获得资金。在债权融资方面，该公司从某银行获得一笔 3000 万元的商业贷款，利率为 3%，三年内偿还完毕。在股权融资方面，公司向投资者出售了 15% 的股权，换取了 2000 万元的资金。

如果公司的股权融资比例过高，那么公司将不得不放弃更多股权，对公司管理者的决策权可能会有影响。如果公司的债权融资比例过高，那么公司需要支付更多的利息，债务负担更重。因此，公司需要根据自身的实际需求，权衡股权融资和债权融资的利弊，制定合理的融资策略。

7.1.2　根据生命周期设计融资方案

生命周期是公司发展与成长的动态轨迹，主要包括四个阶段：初创阶段、发展阶段、成熟阶段、衰退阶段。处于不同生命周期，公司融资的目的不同，如图 7-1 所示。

根据图 7-1 可知，处于初创阶段的公司需要启动资金，公司需要提前做好资金战略规划，如明确公司所需启动资金的金额、未来使用规划、融资的方向等。在筹集资金方面，公司可以寻找一些种子轮投资人或天使轮投资人，以期获得第一笔资金。

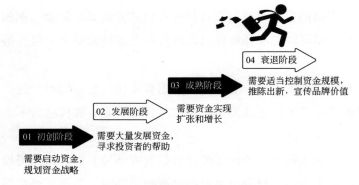

图7-1　不同生命周期公司的融资目的

处于发展阶段的公司往往已经有了较为成熟的产品和清晰的商业模式，需要大量的资金扩大发展规模。在这个阶段，VC（Venture Capital，风险投资）、PE（Private Equity，私募股权投资）等投资者是公司融资的主要力量，能够为公司的发展提供大量资金。

在成熟阶段，公司往往会走向扩张的道路，需要大量资金支撑自身的扩张战略。此时，公司可以进行新一轮次的融资，用这笔融资资金开拓新市场、扩大规模，为上市做准备。同时，公司也可以通过上市的方式，向公众出售股份，获得更多资金。

处于衰退阶段的公司需要想办法巩固自己的地位。这时，公司既不能急于融资，也不能"仓促撤军"，而应推陈出新，在产品和业务上下功夫，持续宣传品牌价值。

公司处于生命周期的不同阶段，融资的目的和作用也不同，下面以百度的三轮融资为例进行讲解。

在创立初期，百度获得了 Integrity Partners 和 Peninsula Capital Fund 两家 VC 机构各 60 万美元的融资，融资总额达 120 万美元。这笔融资成为助力百度"启航"的第一批"燃料"。凭借这笔资金，百度打造了自己的搜索引擎，为之后的长久发展奠定了坚实的基础。

在第二轮融资中，除了 Integrity Partners 和 Peninsula Capital Fund 以

外，百度还得到了知名风险投资机构 DFJ 和 IDG 的青睐，共获得 1000 万美元资金。而百度此时还处于创立初期，搜索引擎还需要进一步完善，这笔资金恰好帮助百度顺利地度过了技术攻坚期。

百度在上市前进行的第三轮融资面临着选择战略投资者的难题。此时的百度已经是一家家喻户晓的知名公司，搜索引擎已发展成熟。这时百度需要一个足够优秀的战略投资者，才能够巩固来之不易的成就。

百度最终的选择是谷歌。百度与谷歌的合作能够帮助百度提升知名度和影响力。同时，由于谷歌在百度只占有很少的股权比例，对百度的发展决策不构成影响，因此百度能够维持独立运营。

根据不同阶段的需求，百度通过三轮融资得到了发展需要的资金，在搜索引擎领域建立了领导者的地位。正是基于投资者给予的充足的资金支持，百度才能成为搜索引擎领域的"闪亮之星"。

7.1.3　为投资者设计退出机制

由于前期的规则不明、利益分配不均等问题，投资者在退出公司时，往往会与公司产生纠纷。为了避免纠纷，公司要提前为投资者设计好退出机制，做到好聚好散。

投资者可以选择的退出方式主要有四种：上市、股权转让、股权回购、清算。公司要权衡以上方式为投资者设计退出机制，让投资者知道什么情况下自己才能退出、如何退出。

1. 上市

上市可以实现投资回报最大化，是许多投资者最喜欢的一种退出方式。公司上市后，其股票可以在证券交易所自由交易，投资者只需要卖出自己手中的股票即可退出。但是，上市对公司资质的要求十分严格，手续烦琐，成本较高，不是所有公司都适合并能成功上市。因此，只有计划并有能力上市的公司，才适合将上市作为投资者的退出通道。

2. 股权转让

股权转让是指投资者将自己手中的股权及股东权益进行有偿转让，通过股权变现的方式，实现退出的目的。投资者可以在公开市场进行股权转让，也可以与其他股东或投资者私下交易完成转让。

3. 股权回购

股权回购指的是投资者的股权被公司回购。通过这种方式，投资者可以实现退出的目的。通过股权回购，公司可以将更多股权掌握在自己手中，以降低未来股权分配的压力。同时，股权回购可以避免股权被竞争对手收购，维护公司及股东的利益。

4. 清算

没有哪位创始人希望自己的公司被清算，对于投资者来说也是如此，因为这种退出方式给投资者带来的收益是最少的。但如果公司因经营出现问题或者某些原因导致上市失败、股权转让失败，那么投资者只能选择这种退出方式。

公司提前和投资者约定退出机制相当于给投资者吃一颗"定心丸"，投资者也会因此了解到公司的长远发展计划，在投资时更有安全感。

为了避免投资者随意退出给公司带来损失，公司需要约束投资者的行为。公司可以通过以下方法约束投资者的行为，以防其随意退出。

1. 公司股权分期成熟

公司可以在进行股权分配时就明确地规定股权是分期成熟的，投资者所持股权是逐年增加的。如果投资者退出时还未满年限，公司可以按照其具体工作年限计算已经成熟的股权，再根据约定好的价格回购其股权。

2. 赔偿高额违约金

最常见的退出惩罚机制是公司在入股合约中设置高额违约金。违约金数额越大，对投资者的约束力就越强。当然，违约金的数额也不能过大，否则对小股东来说很不公平。合适的数额是略高于投资者退出可能给公司带来的损失，以保护公司及其他股东的权益。

总之，合理的退出机制能够对公司和投资者双方都进行约束，在一定程度上保护了二者的利益。

7.1.4 关于融资的四个关键要素

创业者在选择融资战略时，需要对时机、成本、收益、风险这四个关键要素进行权衡，以做出明智的决策，如图 7-2 所示。

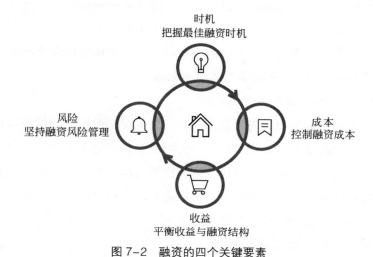

图 7-2 融资的四个关键要素

1. 时机：把握最佳融资时机

在寻找目标项目的过程中，投资者一般会"广撒网"，同时了解多个项目，然后再进行决策。但创业者的时间是很宝贵的，一旦错过时机，项目就可能会走向失败。因此，创业者一旦确定好目前所处阶段的融资战略，就需要精准地把握最佳的融资时机，迅速锁定最佳投资者，在融资过程中占据主动地位，以便顺利获得资金。

"90 后"创业者温城辉以"礼物攻略"为核心，创立了移动电商平台——"礼物说"。平台中汇集了当下流行的礼物以及送礼物的方式，向用户推荐热门礼物，同时用户也可以直接在平台上下单。

"礼物说"在 A 轮融资时获得了来自红杉资本的 300 万美元投资，在 B 轮融资时得到某知名机构的 3000 万美元投资，总估值超过 2 亿美元。后来的 C 轮及 C+ 轮融资金额都达数千万美元。

温城辉一直坚守的定律是：不要等到缺钱了再去融资，提前 6 个月就要开始下一轮融资。实际上，"礼物说"在进行 B 轮融资时，温城辉的账户内还有大量的资金，但他认为提前融资可以保证公司在短时间内无生存压力，可以将精力都集中在产品研发上面，还能够使公司在后续融资轮次中获得较高的估值。

2. 成本：控制融资成本

融资成本是一个很宽泛的概念，除了融资过程中消耗的经济成本，还有为了达成融资目标而舍弃的时间、机会等无形成本。为了能够成功获得投资，创业者可以满足投资者提出的基础要求，但也要结合公司的实际情况尽量控制融资成本，使融资成本降到最低。

3. 收益：平衡收益与融资结构

不同融资方式的成本与收益不同。一般来说，股权融资的成本相对较高，同时公司需要出让部分股权，但公司能够获得更多资金；债权融资的成本相对较低，但如果公司债权融资的比例过高，利息负担的增加会提高公司的融资成本、降低公司收益。公司需要根据自己的融资需求，设计合理的融资结构，实现收益最大化。

4. 风险：坚持融资风险管理

公司融资可能会引发各种风险，如在融资方案设计或实施过程中，由于某些环节违规而引发法律风险；公司不能按时偿还到期债务，引发违约风险等。

针对各种融资风险，公司需要提升管理力度，做好风险防范工作。在融资过程中，公司需要明确责任分工，规范融资审批程序和相关人员的权限，并合理配备人员。同时，公司需要建立融资风险评估制度、重大风险报告制度等，以应对融资风险。此外，在融资之后，公司需要加强对资金预算的管理，保证现金储备充足，以按时偿还到期债务，避免引发违约风险。

7.1.5 跟着 Oculus 学习高效融资的技巧

与硅谷的很多创富神话主人公一样，帕尔默·洛基也是半途退学创业，成为 Oculus 的联合创始人。接下来将以 Oculus 的 VR（Virtual Reality，虚拟现实）项目为例，详细讲述如何通过产品和公司的发展来确定融资战略。

在最初成立 Oculus 时，帕尔默一个人负责所有的工作，直到首席执行官布伦丹·艾里布和首席软件架构师迈克·安东诺夫加入，帕尔默才逐渐卸下管理的重任，专心研究 VR 项目。

帕尔默将 VR 项目发布在 Kickstarter 众筹平台上，其核心产品是一款专门为 VR 游戏玩家设计的外部设备。自此，Oculus 改变了大众对游戏的认知，得到了近百万名用户的支持。在历时一个月的融资中，Oculus 获得 243 万美元的资金，比预定的 25 万美元融资目标高出近 10 倍。

此轮融资是 Oculus 的天使轮融资。此时，Oculus 的产品具备了初步形态，并且可以展示给投资者。同时，Oculus 还形成了初步的商业模式，只是其可行性还有待验证。

在 A 轮融资中，Oculus 获得了 1600 万美元的投资，投资者包括经纬创投、星火资本等。此时的 Oculus 产品成熟，具备完整、详细的商业模式和盈利模式。

借助 A 轮融资，Oculus 成功推出首批 VR 产品——VR 头盔，限量版和普通版的定价分别为 275 美元和 300 美元。这款产品在 E3（Electronic Entertainment Expo，电子娱乐展览会）大展上被提名为"年度最佳游戏硬件"。

同时，Oculus 还与多家公司进行业务合作，共同研究能够支持 VR 头盔的游戏、演示版游戏以及 SDK（Software Development Kit，软件开发工具包）。SDK 具有很强的稳定性，游戏具有很强的上手易用性，Oculus 在硬件和软件两个方面交出的成绩单远高于公众的预期。

在 B 轮融资中，Oculus 获得的投资高达 7500 万美元，领投方是风投机构 a16z。此轮融资完成后，a16z 的创始人迈克·安德森加入了 Oculus 的董事会。

Oculus 在 A 轮融资后成功扩大了规模，在 B 轮融资后推出新的业务、拓展新领域，以增强自身竞争力，使自己在市场中的优势地位得以稳固。B 轮融资之后，Oculus 接受了 Facebook 的收购，交易额为 20 亿美元，其中包括 4 亿美元现金和 2310 万股 Facebook 股票。

对于此次收购，Facebook 和 Oculus 都表示不会对 Oculus 原本的发展计划产生影响，只是给予了 Oculus 更多的资金支持。而这次高价收购也证明了 VR 项目的成功。

对于一些具有比较成熟的商业模式的公司来说，上市才是其终极目标，因此，这些公司会继续进行 C 轮、D 轮等后续轮次的融资，来不断拓展新业务，打造商业闭环。

7.2 员工持股计划：员工推动资本运作

员工持股计划是股权激励的一种，可以让员工的个人利益与公司的利益趋于一致，形成利益共同体。员工持股计划不仅能够对员工产生有效的激励和约束作用，对损害公司整体利益的行为进行预防，还能推动资本运作。

7.2.1 员工持股的三种模式

现代公司管理制度中通常包括员工持股计划，这在成熟的上市公司中尤其普遍。这种新型的股权分配模式是员工所有权的实现方式之一。员工持股计划使公司的生产效率和综合实力得到了提升，在公司管理中具有不可或缺的重要地位。

公司允许内部员工出资认购公司的部分股权或全部股权，再委托员工持股会或第三方金融机构集中管理、运作这部分股权，接受委托的第三方将作为社团法人参与董事会的表决、分红等活动。通过员工持股计划，员工可以分享公司所有权和未来收益权，成为公司的股东。

通常员工持股的方式有三种，包括硬性购买、赠予干股和期权激励。如果想让员工持股的效果最佳，公司可以选择期权激励的方式，即公司在规定的时间内，给予员工以较低的价格购入一定数量股票的权利。

例如，某家居公司的效益一直很好，公司决定对内部的核心骨干和元老级员工进行期权激励。于是该家居公司的创始人成立了一家有限合伙企业，自己担任普通合伙人，被激励对象为有限合伙人。然后该家居公司向有限合伙企业发行了 63.5 万股股份，每股价格为 1.5 元，这些股份被 20 位激励对象买下，持股比例共占 15.5%。

由于采用有限合伙企业作为持股平台，因此虽然创始人的股份被稀释了，但创始人作为普通合伙人，依然掌握着投票权和决策权。被激励的员工作为有限合伙人，虽然享有股权的所有权和分红权，但没有投票权和决策权。如此一来，既让核心骨干和元老级员工享受到公司发展所带来的福利，调动了他们的工作积极性，又避免了"同股同权"可能带来的问题，一举两得。

7.2.2　搭建员工持股平台的注意要点

公司如果选择以有限合伙企业作为员工持股平台，就需要注意以下四个要点，如图 7-3 所示。

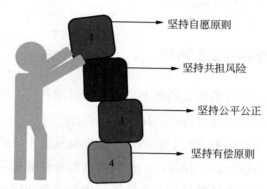

坚持自愿原则

坚持共担风险

坚持公平公正

坚持有偿原则

图 7-3　以有限合伙企业作为员工持股平台的注意要点

1. 坚持自愿原则

公司必须保证员工是自愿的，而不是被迫购买公司股权。公司不能假借期权激励的名义，强制要求员工加入有限合伙企业。

2. 坚持共担风险

公司要使员工明确知道，签订合伙协议后，员工需要和其他股东一起承担风险，不能随意退出合伙企业或随意转让其所持股权。

3. 坚持公平公正

期权激励的流程必须公开、透明，接受所有员工的监督，保证被激励员工具备成为有限合伙人的资质。同时，因为有限合伙人可以分期缴纳出资，所以要在合伙协议中提前约定好出资的具体流程以及出资的数额，以免后续出现问题。

4. 坚持有偿原则

由于股权需要员工出资购买，因此公司股票的价格不能设定得过高或过低，股票价格高于市场价会导致员工产生抵触情绪，但过于便宜会削弱激励作用，无法充分激发员工的热情和积极性。

如果公司以普通合伙企业作为员工持股平台，让员工成为合伙人，那么所有的合伙人都是普通合伙人，每个人都需要承担无限连带责任，但让被激励对象承担无限连带责任显然是不合适的。相比之下，有限合伙企业的优势很明显，有限合伙企业的相关机制可以将员工利益和公司的利益捆绑起来，使员工在可接受的范围内承担起公司发展的责任，促进员工和公司共同成长，实现互利共赢。

7.2.3　华为：坚持让员工持股

华为是探索全员持股模式的典型之一。通过建立员工持股制度，华为促使员工与公司成为利益共同体，有效推动了公司的发展。

华为秉承着要让最有责任心的明白人来担负重要责任的用人原则，制订并实施了员工持股计划，保证每一位肩负重要责任的明白人都是"德才兼备"的。华为的员工持股计划在实际操作中严格遵守将股权和职权倾向于这些明白人的原则，对股权和职权的分配进行动态调整。华为按照员工对公司作出的贡献大小决定其职务高低及所持股权的多少，并会收回绩效较差的员工的股份。

与员工分享利润是对其工作的认可与奖励，对员工能起到有效的激励作用。但员工持股计划并不单纯是一种利润分配方法，而是一种通过员工参与使组织层面的绩效水平得到提升的方法。华为希望通过员工持股计划，能让每一位员工都成为公司的负责人，全心全意为公司付出。

华为的员工持股计划遵循以下三个原则。

1. 公平原则

华为公平地对待员工、分配利润，相信是不同层面的员工共同创造了公司利润。华为建立科学、合理的利润分配制度，规定参与者的准入条件，在内部做到公平、公正。此外，华为还根据员工的绩效决定其获得利润分配的额度。

2. 认同原则

华为建立并完善员工与管理层之间的沟通渠道，向员工准确地传达公司的战略方针，让员工能够清晰地了解公司的目标，并产生认同感。员工清楚公司整体的发展方向，明确自身的任务，从而为实现公司的目标努力。这样既帮助员工实现了自身利益，又能促使员工为组织创造更多利润。

3. 参与原则

在不泄露公司机密的前提下，华为允许员工参与利润分配方式、额度的制定，使员工可以切实地了解公司的经营状况。

员工作为创造绩效的主体，为华为带来了高绩效，从而为利润分配奠定基础。华务秉持开放的态度，充分放权，让员工参与利润分配的每一个环节，鼓励他们提出自己的见解和意见。同时，华为充分考虑员工参与利润分配的效率，把握好员工参与的度。

通过员工持股计划，华为不仅实现了资金筹集，还实现了对员工的激励以及人才留存。同时，在员工持股计划下，员工的利益与公司的利益紧密相连，这极大地激发了员工的工作积极性和创造性，推动了华为实现长久发展。

7.3　业务重组：对业务进行再创新

业务重组就是重新划分被改组公司的业务，决定哪一部分业务成为上市公司的业务。业务重组是公司重组的基础和前提。重组时要将公司的经营性业务和盈利性业务划分出来纳入上市公司的业务，并将非经营性业务和非盈利性业务剥离。

7.3.1　进行业务重组要满足的条件

公司的职能在于将各种生产要素进行有机组合，优化资源配置，使资源利用效率最大化。在如今科技迅速发展、经济全球化趋势增强、市场竞争加剧的形势下，公司想要在快速变化的市场中保持竞争优势，就需要进行业务重组，及时将构成公司竞争力的要素进行再组合。

随着市场竞争越来越激烈，公司需要通过业务重组来为客户提供更优质的服务。公司能否成功进行业务重组，取决于其是否具备重组的条件。只要满足以下七个条件，公司就可以进行业务重组。

（1）评估公司之前的发展战略，发现由于其中包含了太多导致增长缓慢的因素，使得本就处于下降趋势或缺乏竞争力的业务单元失去了吸引力。

（2）公司内部有一种或多种主要业务处于困境中。

（3）公司高层管理者出现人员调动，新的管理者决定重新规划公司的业务发展方向。

（4）市场上出现了创新型的技术或产品，公司希望在一个具有潜力的新行业中拥有一定的地位，因此需要对现有的业务进行重组。

（5）现有的业务组合逐渐丧失了吸引力，不得不进行业务重组以满足公司长远发展的需要。

（6）公司需要大额支出进行并购活动，不得不卖掉现有的部分业务。

（7）由于公司现有业务的市场及其技术变化的方向不同，因此将业务分成几个独立的单元更易于管理。

7.3.2 业务重组的四个核心事项

在进行业务重组时，公司需要注意以下四个核心事项。

1. 横向跨度与纵向层级

横向细分业务能够使员工更加专业化，提高员工的工作效率。但增加横向跨度可能会使员工更关注本部门的成本控制和工作质量，在一定程度上忽视了公司整体规划的一致性和协调性。纵向层级的增加可以加强对业务的控制，但极易造成公司决策效率降低，甚至会形成官僚作风。

2. 集权管理与分权管理

公司的高层管理人员可以通过集权管理直接协调业务活动，以确保员工的精力集中在首要目标上，使资源的分配和控制更加高效。但集权管理也可能导致高层管理人员将更多的时间花费在日常运营决策上，拖慢公司的日常运营节奏，不利于公司长远发展的战略性决策的制定。

分权管理赋予基层管理人员一定的现场决策权，提高了组织的运转速度和应变能力，还能够对基层管理人员起到激励作用，使他们勇于承担更大的责任，拥有更高的创造性。但是，如果得到授权的基层管理人员过多，就可能会加剧内部竞争，给公司整体的规划和协调带来一定的困难。

3. 规范化与灵活性

规范化的管理体系能够帮助公司对未来发展进行预测和控制，使公司能够根据既定的程序应对客户需求和外部环境的变化。但是这种管理体系在应对客户的特殊需求或非常规的环境变化时可能会出现问题。具有灵活性的管理体系能够更好地挖掘员工的创造力，但同时也可能使公司的个别管理人员形成独断的作风。

4. 正式组织与非正式组织

公司的管理人员应当建立一个非正式组织并形成相应的文化，虽然非正式组织有时会和正式组织产生冲突，但是非正式组织难以塑造和改变，所蕴含的信念和行为规范具有更深的层次，对公司出现的矛盾及其解决方案会产生一定的影响。要想使业务重组更高效，就要使非正式组织和正式组织以及它们所体现的文化相互包容。

7.3.3　四大原则助力公司做好业务重组

想要做好业务重组，公司需要坚持以下四大原则。

1. 规模效益原则

公司业务重组可以实现资源的整合与充分利用，降低管理、生产等方面的成本，提高收益。在业务重组过程中，公司需要坚持规模效益原则，整合各类资金、技术，以规模化管理、规模化生产等获得规模效益。

2. 盈利能力原则

公司对现有业务进行梳理，才能在业务重组后具备较强的盈利能力。公司应以市场竞争力和盈利能力为重要指标，整理出不同的业务类型，再根据业务重组的目的，制定不同的业务发展方案。

3. 注重可操作性原则

由于参与重组的公司具有不同的规模和盈利能力，因此其股权架构的复杂程度也存在区别。一般来说，重组都是按照先易后难、注重可操作性的原则进行。

4. 可持续发展原则

公司要保证参与重组的业务具有可持续发展的能力，要慎重整合那些已经进入成熟期、衰退期的业务。

7.3.4 爱立信为什么要重组业务

电信行业的并购重组事件很多，除了电信制造商，运营商也在进行重组，整个电信市场充满活力。事实上，重组是电信市场中的一些参与者为了应对后续发展中可能出现的问题而采取的必要措施。

作为全球知名的通信设备制造商，为了强化市场领导地位、扩大市场规模，爱立信将公司重组为三大部门：网络业务部、多媒体业务部和全球电信专业服务业务部。爱立信表示，进行业务重组的目的是把握机遇，进一步巩固市场和技术的领导地位。

爱立信重组业务，实际上是为了更好地适应市场发展。重组后，新的组织架构使爱立信能够在新媒体时代下的市场中占据一席之地。而对多媒体应用和服务的开发，进一步巩固了爱立信在融合 IP 网络领域的领导地位。

业务重组后，相较于网络业务部和全球电信专业服务业务部，新成立的多媒体业务部所承载的期望更多。爱立信在多媒体业务方面的优势究竟有多大？

归根结底，多媒体的解决方案就是"端到端"的解决方案，而这恰好是爱立信的强项。首先，爱立信拥有和全球多家运营商合作的经验；其次，爱立信在网络基础设施方面有很大的优势；再次，爱立信的移动平台业务发展迅速；最后，爱立信与索尼的合资公司为爱立信提供终端手机产品。因此，从网络前端到终端，爱立信都具备强大的实力。

实际上，爱立信早就开始在多媒体领域布局。在业务重组之前，爱立信就成立了消费者实验室，针对全球用户进行定量和定性的调查，了解他们的消费习惯和行为喜好，并将调查的数据反馈给业务部门和运营商。在此基础上，爱立信推出了更加强大的"端到端"解决方案。

除此之外，爱立信与很多媒体公司、互联网公司建立了密切的合作关系，拥有多媒体应用研发中心以及上百名网络工程师。在业务重组之后，爱立信表示，要在 IP 网络和多媒体技术领域增聘更多网络工程师，以加快研发速度。

第 8 章

外延式资本运作：
以扩张实现跨越式发展

外延式资本运作主要是集合外部可利用资源，形成能够注入公司的外部资本，以满足公司发展对资本的需求。外延式资本运作有多种方法，包括但不限于发债、联盟、资产证券化、并购、投资等。本章聚焦投资、兼收并购、持股联盟这三种典型方法，挖掘外延式资本运作的智慧。

8.1 投资："钱生钱"的学问

投资的核心就在于以效用最大化准则为指导，得到财富配置的最优均衡解。也就是将自己手中的资本分配给不同的领域，在分散风险的同时能获取更多收益，实现"钱生钱"。

8.1.1 股权投资的五大要点

股权投资是一种重要的公司投资方式，指的是购买或持有某公司的股份，以获得相应的股权所有权和权益权。在股权投资中，公司成为其他公司的股东，可以获得被投资公司价值增长所带来的收益，同时，公司也需要承担被投资公司业绩下滑、破产等可能带来的损失。

公司应怎样进行股权投资？在进行股权投资时，公司需要关注以下五大要点。

1. 明确自己的投资目标和风险承受能力

在进行股权投资之前，公司可以根据长期增值潜力、回报的稳定性、是否参与被投资公司决策等因素，明确哪些公司是自己的投资目标。一般来说，发展潜力巨大的创业公司、发展势头良好的成长型公司等，都是不错的投资目标。同时，公司需要评估自己的投资风险承受能力，明确自己能够承受的损失程度，以便在股权投资过程中及时止损。

2. 对被投资公司进行尽职调查

在进行股权投资之前，公司需要对被投资公司进行尽职调查，综合评估被投资公司的情况。具体来说，公司需要对以下重点内容进行尽职调查。

（1）被投资公司的软性资本：包括被投资公司管理者的背景、历史沿革、旗下产品与服务、市场口碑等。这能够帮助公司全方位了解被投资公司的基本情况。

（2）被投资公司的财务情况：公司需要仔细分析被投资公司的资产负债表、损益表、现金流量表等财务报表，了解被投资公司的财务变动情况，明确被投资公司的财务状况。

（3）被投资公司的法律监管历史：公司需要调查被投资公司以往是否存在法律问题、是否被追债等。如果存在以上问题，公司就需要仔细了解相关事件的经过，并明确对该公司进行投资是否会导致自己承担不必要的责任。

3. 谈判并签订股权投资协议

在明确投资目标并与被投资公司达成投资意向后，公司需要与被投资公司进行谈判，明确投资方式、投资期限、自己应获得的权益、退出机制等，并签订股权投资协议。

4. 定期跟踪

投资完成后，公司需要定期跟踪投资情况，如参与被投资公司决策、监督被投资公司运营情况、评估投资回报等。

5. 退出投资

公司可以通过股权转让、被投资公司上市、被投资公司回购股权等方式顺利退出，获得投资回报。

股权投资是一种风险较高、收益丰厚的投资方式。在进行股权投资时，除了关注以上要点外，公司还需要充分了解股权投资的风险，并在投资过程中时刻把控风险。一旦被投资公司出现严重风险问题，公司就需要及时退出，以及时止损。

8.1.2　遵守债权投资的三大原则

债权投资指的是为获得债权而进行的投资，如购买国债、公司债券等。债权投资具有利率稳定、风险较低等优势，是一种相对保守的投资方式。债权投资的收益主要有以下几种。

（1）利息收入：指公司通过持有债券所获得的债券发行方所承诺的利

息收益。债券的利息收益率是固定的。公司可以根据购买债券的金额和利息收益率计算出自己的预期收益。

（2）资本损益：指的是债券价值波动带来的价值变化。债券价值波动与市场利率相关。当市场预期未来利率上升时，已发行债券就失去了利率优势，持有者会大量抛售，其价格会下跌。当市场预期未来利率下降时，已发行债券的利率优势凸显，会引起抢购，导致价格上升。持有债券的公司可以通过债权交易获得资本损益。

（3）再投资收益：指的是公司利用债权收益追加债券投资而获得的收益。

债权投资存在风险。如果被投资公司因经营不善而陷入破产危机，将无力偿还自身债务。

公司需要了解债权投资的特点，遵循以下三大原则进行债权投资。

1. 收益性原则

不同公司或机构发行的债券的收益不同，如信用等级低的公司发行的公司债券，收益往往高于信用等级高的公司所发行的债券。公司可根据自己的投资偏好，选择合适的债券。

2. 安全性原则

债权投资相比股权投资要更加安全，但债权投资同样存在风险。如经济环境的变化、发行债券公司的经营情况和信用等级等，都会影响债权投资的安全性。公司需要综合考虑各种因素，对所投资公司进行安全性分析。

3. 流动性原则

公司要选择流动性较强的债券。债券流动性较强，意味着公司能够更加顺利地进行债券交易，以获得更多收益。

8.1.3 选择优质投资项目

在投资时，公司应怎样做才能挑选出优质的投资项目？具体而言，公司需要对投资项目进行分析，选择拥有良好商业模式、较强成长能力、海量超级用户的项目。

1. 拥有良好商业模式

一个值得投资的商业模式究竟是什么样的？综合来看，一个值得投资的商业模式至少应该具备以下几个特点。

（1）使用门槛低。美国商界有一个名词是 freemium（免费增值），即长时间为用户提供免费服务，但其中一些先进的功能或虚拟货品需要付费才可以使用。例如，视频会议软件，Zoom 的基础功能可以满足大多数用户的线上沟通需求。但在很多场景下，尤其是当商务会议时长超过 45 分钟时，Zoom 就开始收费。

（2）用户黏性非常高，且用户的付费意愿强。例如，以抖音为代表的社交媒体通过搭建内容生态，吸引并留存了大量活跃用户，进而将这些用户转化为变现资源，让机构和商家可以通过付费、竞价的方式实现变现。

（3）强调体验。用户愿意为了体验付费，因为从本质上来讲，无论是工具还是服务、内容还是平台，用户购买的都是体验，或者也可以说是一种身份上的满足感。

（4）能够构建一个生态系统。构建生态型商业模式颇具挑战性，公司会面临很多困难。但是，一旦成功构建起来，公司会收获巨大的惊喜。例如，苹果公司、谷歌、亚马逊等都是这方面的经典案例。而且，一个完整、闭环的商业生态将是公司的绝佳"护城河"。

有些公司为了标新立异，试图自己创造一个全新的、更有价值的商业模式。这需要勇气和牺牲精神，更需要远见。例如，被誉为"世纪网络第一人"的杨致远和大卫·费罗建立了全球第一入口网站雅虎（Yahoo!）。在建立雅虎网站的同时，杨致远还创造了一个基于互联网的商业模式，即网站盈利全部依托于广告，而在用户层面完全免费。在雅虎出现前，用户需要花钱才可以浏览和获取各类信息，因此，雅虎是一个具有开创性的商业模式变革。

2. 拥有较强成长能力

公司投资一个项目，看重的是这个项目的未来。判断项目有没有未来，非常关键的一点就是看项目有没有足够强大的成长能力。以投资一个公司为例，公司可以从以下两个方面入手对被投资的目标公司的成长能力进行分析。

（1）看目标公司的营业收入

营业收入越多，目标公司的发展前景越好、成长能力越强。如果公司了解目标公司的营业收入增长情况，就可以知道目标公司的生命周期，也可以分析出目标公司当下处于哪个发展阶段。

一般营业收入增长率高于10%，说明目标公司处于成长期，未来有很大概率可以保持较好的增长势头；营业收入增长率为5%～10%，说明目标公司已经进入稳定期，即将迎来衰退期，需要研发和生产新产品；营业收入增长率低于5%，说明目标公司已进入衰退期，如果没有已经设计好的新产品，那么很可能会继续走下坡路。

稳定的营业收入、持续的营业收入增长是目标公司具备较强成长能力的体现。

（2）看经营活动现金流

成长能力强的公司，其经营活动产生的现金流和利润是正相关的，而且二者会同步增长。当然，有些时候经营活动产生的现金流会大于利润增长。如果目标公司的利润有所增长，但经营活动产生的现金流在减少，那么这家公司很可能利用净利润营造一种自身发展良好的假象。在这种情况下，公司要重点考虑目标公司的应收账款和存货是否大规模增加。

3. 拥有海量超级用户

超级用户通常是指对品牌有认知、对产品有购买意向、会重复购买产品、对产品有较高忠诚度、与品牌建立起强联系的用户。拥有超级用户的项目更具发展潜力。

以投资一个公司为例，目标公司拥有海量超级用户，可以实现零成本拉新，并进一步促进销售业绩增长，从而给投资者带来更多回报。

以山姆会员店为例，它不像家乐福、永辉等百货超市那样依靠销售差价盈利，而是依靠会员费盈利。这意味着，它的销售差价只需要覆盖最低的运营成本即可。山姆会员店创新了百货超市的商业模式，如果没有超级用户，山姆会员店很难实现崛起和持续发展。

公司可以从以上三个方面对不同项目进行对比、分析，进而挑选出优质的投资项目。

8.1.4　注意控制投资成本

公司进行外延式资本运作的目的是获得回报，因此，在进行投资活动时，公司需要分析投资成本与投资收益，判断投资活动能否让自己获得更多收益。以投资一个公司为例，公司需要对目标公司的现金流体系、盈利能力、偿债能力等进行分析。

1. 现金流体系分析

在投资一个公司之前，公司首先需要对目标公司的现金流体系进行分析，明确目标公司是否具有完善的现金流管理体系。公司具体可以从以下几个方面对目标公司的现金流体系进行分析。

（1）现金流与短期筹资能力

如果在某个时期，目标公司的现金流有所增加，那么表明目标公司在这个时期的筹资能力增强，财务情况得到改善；反之，则表明目标公司的财务情况不太乐观。

（2）现金流结构与公司的长期稳定性

公司经营活动产生的现金流可以用于投资，从而催生出更多的现金流。来自主营业务的现金流越多，表明目标公司发展得越稳定。投资活动是为闲置资金寻找合适的用途，筹资活动则是为经营活动筹集足够多的资金。这两种活动产生的现金流主要服务于经营活动。如果这部分现金流量过多，则表明目标公司缺乏稳定性。

（3）投资活动与筹资活动产生的现金流与公司的未来发展

在分析目标公司现金流时，公司一定要分清对内投资和对外投资。如果目标公司对内投资的现金流出量增加，那就意味着固定资产、无形资产等增加，表示目标公司正在扩张，具备较好的成长性；如果目标公司对内投资的现金流入量增加，那就意味着其经营活动没有充分吸纳现有资金，资金利用效率需要提高。如果目标公司对外投资的现金流入量大幅增加，那就意味着其现有资金不能满足其经营需求，不得不从外部引入更多资金；如果目标公司对外投资的现金流出量增加，那就意味着其正在通过非主营业务获取利润，财务情况整体趋好。

现金流是公司赖以生存的基础，公司需要了解目标公司的现金流及其相关要素，从而得到关键信息，如目标公司的筹资情况、经营情况、财务情况、未来发展情况等。深入分析目标公司现金流非常重要，可以让公司清楚各类活动对目标公司的财务状况及未来发展有何影响。

2. 盈利能力分析

目标公司的盈利能力越强，价值越大，公司可以获得的回报越丰厚。反映盈利能力的指标有很多，主要包括以下四种。

（1）销售毛利率。销售毛利率体现了目标公司的初始盈利能力，是净利润的起点。如果没有足够高的销售毛利率，那么目标公司便很难获得丰厚的盈利。

（2）销售净利率。销售净利润率可以体现目标公司的最终盈利能力，该数值越大，目标公司的盈利能力越强。但是，不同行业的情况存在差异，例如，高科技行业的销售净利率通常比较高，而工业和传统制造业的销售净利率则比较低。

（3）总资产报酬率。总资产报酬率体现目标公司利用资产获得盈利的能力，可以反映目标公司的资产利用情况。该数值越高，目标公司在增加收入、节约资金等方面的工作做得越好。公司可以从两个方面入手了解目标公司的总资产报酬率：资产管理是否到位，资产利用率是否足够高；销售管理是否到位，利润水平有无提高的可能性。

（4）资本保值增值率。资本保值增值率可以体现所有者权益的保值与增值情况。公司在分析目标公司的资本保值增值率时，应该重点考虑两个方面：一是当其他投资者为目标公司投入资金时，所有者权益会增加，资本保值增值率也会随之提高，但目标公司在当期可能没有获得增值利润；二是在通货膨胀的影响下，即使资本保值增值率大于1，依然可能发生投资者亏钱的情况。因此，公司在投资时要保持谨慎的态度，切勿盲目乐观。

收益最大化是公司投资目标公司的根本目的。盈利能力是目标公司的生命线，具备盈利能力的目标公司才可以进一步提升竞争力，才能给公司带来更丰厚的回报。公司要从多项指标入手，结合行业实际情况分析目标公司的盈利能力，以更好地分配自己的资金。

3. 偿债能力分析

偿债能力是目标公司偿还到期债务的能力，可以反映其财务状况的好坏。通过对目标公司的偿债能力进行分析，公司可以了解目标公司是否可以持续经营，以及目标公司未来的收益情况如何。那么，公司应该如何进行偿债能力分析呢？关键就在于掌握以下几个指标。

（1）资产负债率。通常资产负债率越低越好。如果目标公司的资产负债率大于或者等于 50%，那么表明这家公司的财务状况不佳，公司要谨慎投资。但是在金融行业，如银行业的资产负债率普遍是比较高的，因此，公司也要分清行业属性。

（2）流动比率。流动比率可以反映目标公司的短期偿债能力，其数值维持在 2∶1 左右比较好。如果目标公司的资产流动性高，就表示这家公司的偿债能力比较强。

（3）速动比率。速动比率反映目标公司可以立即将流动资产变现用于偿还负债的能力。一般来说，速动比率维持在 1∶1 比较正常。当然，也有一些公司的偿债能力强，速动比率可以达到 1∶3。

公司在分析目标公司的偿债能力时，还要看 5 年，甚至 10 年内的均值。例如，某目标公司的资产负债率虽然偏高，但整体状态非常稳定，近5 年都维持在 35% 左右。而同行业中的很多其他公司，都只有在行情好的情况下资产负债率才比较低。从这个角度来看，该目标公司比其他公司更值得投资。因此，稳定偿债能力长期稳定也非常重要。

8.1.5　对投资活动进行风险控制

无论公司以什么方式开展投资活动，都可能引发财务风险。如果公司没有对投资风险引起重视，盲目进行投资，那么可能会损失惨重。

例如，某公司经过多年的发展，已具备较为雄厚的实力。为实现进一步扩张，该公司同时对多家公司进行投资。但一段时间过后，该公司的经营出现了问题，急需大量资金，而公司账上的资金大部分已用于投资，导致公司现金流不足。最终，在一系列的打击下，该公司不得不破产倒闭。

为了保证稳定发展，公司必须加强对投资活动的风险控制。在开展投资活动时，公司应遵循以下原则，如图8-1所示。

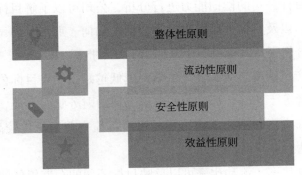

整体性原则

流动性原则

安全性原则

效益性原则

图8-1　开展投资活动应遵循的原则

1. 整体性原则

公司的经济活动包括筹资活动、经营活动、投资活动。在进行投资决策时，公司应保证投资活动符合整体的发展战略，并充分考虑财务状况。

2. 流动性原则

无论开展怎样的投资活动，都应在公司有充足的闲置资金的基础上进行。同时，公司应对所投资的项目进行调查，确保项目有良好的变现能力。这样当投资发生意外情况时，公司能迅速应对，避免陷入被动的局面。

3. 安全性原则

公司进行任何投资活动都会面临不同程度的风险，为了使投资收益最大化，公司必须做好投资风险的规避。在决定投资之前，公司需要权衡投资回报和风险，结合自身的风险承受能力，做出科学的决策。

4. 效益性原则

公司在投资前必然会考虑到效益问题。但公司通过投资获得的效益不只有经济效益，还包括投资对公司经营发展产生的正面影响。

除了掌握以上原则外，公司还要加强对投资风险的管理。具体而言，公司应建立规范的投资决策机制，保证投资决策的正确性。

首先，公司需要避免可控风险的发生，对项目投资程序进行严格规范。提出方案、确定最优方案、拟订投资计划、进行可行性分析等环节，都要按照程序进行。其次，决策程序不能死板。公司需要时刻关注自身经营状况和市场形势，在实施投资方案时，以利润最大化目标为导向，适当优化投资方案。例如，当公司资金流动性较弱时，就要选择变现性强的投资项目，以降低投资风险。

8.2　兼并收购：资源整合助力财富梦

兼收并购是资本运作的重要手段。通过重组资产，公司的资本运作效率得到提升，资源结构得到优化，实现价值创造与提升。

8.2.1　并购：实现公司快速扩张

并购指的是兼并和收购，是一种两家或多家独立的公司合并为一家公司的行为。公司在扩大规模、实施多元化战略的过程中经常使用并购这一手段，以便充分利用公司的资源使生产成本降低，同时有效扩大经营范围。在并购的过程中，并购双方需要就股权事宜达成一致意见，避免引发并购风险。

并购有三种类型：横向型并购、纵向型并购和混合型并购。

横向型并购指的是相同行业的两个公司之间的并购行为，并购双方在行业中原本是竞争对手的关系。横向型并购能够帮助公司横向扩张，扩大公司的规模，提升公司的竞争力。

纵向型并购指的是公司与供应链上下游公司之间的并购行为。并购双方在业务上存在密切关系，但处于不同的产销阶段。只要并购双方存在上下游关系，其并购行为就属于纵向型并购。根据方向不同，纵向型并购可以分成前向并购与后向并购两种类型。其中，前向并购指的是被并购方在下游，后向并购指的是被并购方在上游。

混合型并购指的是不同行业的公司之间的并购行为。即并购双方处于不同的行业，且在经营上不存在上下游关系。

并购的优势有很多，主要体现在以下三个方面，如图 8-2 所示。

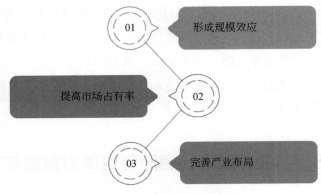

图 8-2　并购的三个优势

1. 形成规模效应

在市场发展初期，不少公司都会通过价格战的方式来占领市场先机。但这种竞争方式不利于公司实现长远发展，甚至可能会导致公司资金短缺、陷入困境。相比之下，并购是一种更加合理的竞争方式。并购有利于公司扩大产业规模，形成协同效应，降低运营成本，进而形成规模效应。

规模效应体现在公司经营的方方面面。例如，在采购环节，公司一次性采购更多的生产原料，可以和供应商谈判获得更低的单价；在生产环节，大量进行产品生产能够降低产品的单位成本。

2. 提高市场占有率

在大数据时代，用户购物、浏览网页等数据都能够被记录下来。这些数据能够为公司的生产经营提供帮助，公司可以通过数据分析明确用户的需求，打造出个性化的产品与服务，进而吸引更多用户，占领更多市场份额。

而并购能够帮助公司获得更多用户的信息与更多流量，为公司的大数据分析提供数据支持。在明确用户需求的基础上，公司可以通过技术创新，打造出满足用户个性化需求的产品，进而增强用户黏性，提高市场占有率，赢得更大的发展空间。

3. 完善产业布局

很多公司的发展路径都是先聚焦某一业务，在此基础上，再向行业上下游或其他行业延伸。由于不同行业或产业链不同环节之间存在一定的壁垒，因此公司依靠自己的能力开拓新市场是比较困难的。并购提供了一种更加容易地进入新市场的方法，公司可以通过并购的方式，快速进入新领域，完善产业布局。

以阿里巴巴为例，在聚焦电商主营业务的同时，阿里巴巴通过不断收购，完善自己的产业布局。通过收购高德地图，阿里巴巴进入出行领域，为用户提供一站式出行解决方案；通过收购饿了么，阿里巴巴成功布局外卖业务，旗下品牌阿里健康与饿了么联手，提升了药品线下配送能力；通过收购网易考拉，阿里巴巴进一步拓展了跨境电商业务，完善了产业布局，提高了自身的行业竞争力。

总之，并购的优势很明显，可以帮助公司快速进入新领域，抓住市场商机，获得更大的发展空间。

8.2.2　并购的三大方式

从实现方式上来看，并购主要通过以下三大方式实现，如图 8-3 所示。

图 8-3　并购的三大方式

1. 协议并购

协议并购是指公司在证券交易所之外，直接与目标公司取得联系，以谈判、协商的方式与其达成协议，从而实现并购目标公司股权的目的。协议并购的一般程序为明确并购目的、选择目标公司、策划并购战术、成立并购小组、进行并购交涉、签订并购意向书、调查目标公司的资产和负债等情况、确定最终并购方案、签署正式的并购合同。

知名网络解决方案供应商思科曾经以 69 亿美元的价格与当时市场中主要的机顶盒生产商之一 Scientific-Atlanta 达成并购协议。思科在极短的时间内完成协议并购，从而避免与索尼、苹果等巨头对抗。同时，并购成功后，思科补全了自身在视频技术领域的短板，可谓是一举多得。

2. 要约并购

要约并购是一种比较常见的并购形式，其并购对象为上市公司依法发行的所有股权。其主要内容包括价格条款、并购要约的支付方式、并购要约的期限、并购要约的变更和撤销等。并购要约一经发出便对并购方具有约束力，但由于并购过程具有复杂性，因此一旦出现特定情形，并购方就有可能改变想法。这就要求双方在并购前要仔细思考，谨慎签署并购要约。

3. 竞价并购

竞价并购有两个比较鲜明的特点：以现金为支付方式，需要并购方准备足够的现金；并购方需要承担较大的资金风险。

无论通过哪种方式进行并购，公司都需要想方设法降低并购成本。在这方面，公司可以采取双层出价策略。双层出价有两个阶段：第一阶段是公司以现金购买股票，使其达到或超过控制权比例；第二阶段是公司利用非现金购买剩余股票。在第二阶段，公司已经提前取得目标公司的控制权，所以无须担心其他并购方的竞争性出价，而且也可以促使目标公司的股东尽早出让股票。

8.2.3　并购的基本流程

公司做好并购工作的关键是了解并购的基本流程。通常来说，并购需要经历六个环节：做出决策、目标选择、时机选择、初期工作、实施方案、整合。

1. 做出决策

公司在决策阶段需要与财务顾问合作，结合自身的经营状况、资产状况以及发展战略确定自身定位，根据定位来制定并购战略。换言之，就是公司需要分析并购的需求，明确并购的方向。

2. 目标选择

并购目标的选择有两种方式：定性选择和定量选择。定性选择就是公司综合考量目标公司的资产、规模以及品牌影响力，将其与自身进行比较，以判断其是否与自身发展战略相符。同时，公司还要通过多种渠道收集、掌握目标公司的更多相关信息，进行详细的分析，防止掉入并购陷阱。定量选择指的是公司通过收集、整理相关数据来确定最终要并购的目标公司。

3. 时机选择

公司可以通过积累目标公司的信息、关注目标公司的动态，来预测合适的并购时机，也可以通过定性和定量分析模型对并购可行性进行分析，以确定最佳的并购时机。

4. 初期工作

并购的初期工作需要公司与目标公司所在地政府进行沟通，并获得支持，这在一定程度上决定了并购能否成功。同时，公司需要对目标公司进行更加深入的调查，了解其资产情况，特别是要对目标公司的债权、债务、诉讼、税务以及土地权属的合法性等进行审查。在进行这些工作时，律师和会计师十分重要。

5. 实施方案

进入并购实施阶段，公司除了要与目标公司谈判以确定并购方式、支付方式以及制作相关法律文件以外，还要就并购后的人事安排与目标公司进行协商。并购的过程中双方需要交接的内容有产权、财务、管理权等。

6. 整合

对于公司来说，并购成功并不代表着并购结束。公司还需要将目标公司的资源与自身资源进行整合，实现对资源的充分利用，以产生预期的盈利，这样才算真正完成并购。

8.2.4　恶意并购与反并购

恶意并购指的是并购方未经目标公司董事会的同意，以高价直接收购目标公司股东手中的股票，或在目标公司处于困境中时，强行对目标公司进行并购，以获得目标公司控制权的一种并购方式。

如果目标公司察觉到并购方的意图，就可以采取反并购措施，增加并购成本，从而降低并购的成功率。一般来说，公司的员工对于恶意并购是十分抵制的，因为这可能会导致他们失业。利益相关者也会因为失去与公司的合作而遭受损失，因此也会积极采取措施来帮助目标公司反并购。

影响目标公司容易被恶意并购的因素主要有以下几个。

1. 股份的自由流通性

恶意并购的主要特征就是在没有经过目标公司管理层同意的情况下强行获取其控制权，这主要是通过在证券市场收购目标公司股份实现的。因此，公司外部流通股的数量在一定程度上决定了恶意并购是否会发生。从理论上来说，并购方获得了目标公司51%的股票，就可以获得目标公司的控制权，实现并购的目的。因此，目标公司需要控制公司外部流通股的数量，降低其所占比例。

2. 流通股股权的分散性

股权分散程度越低，股权越集中，公司被恶意并购的可能性就越小，反之就越大。公司的股权极度分散，可能导致没有单一的股东拥有决策权。而且现实是，大部分流通股股东都是投资、投机性股东，因此他们往往抓住时机就抛售股票，以获得投资收益，导致公司被恶意并购的风险增加。

3. 企业资产质量的优良性

公司的盈利能力强也可能导致公司被恶意并购，而公司的资产质量是决定其盈利能力的重要因素，可以在一定程度上决定公司的整体吸引力。资产质量越高的公司，被恶意并购的可能性就越大。

在应对恶意并购时，公司可以采取以下几点措施，如图8-4所示。

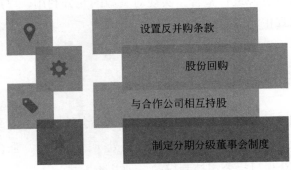

设置反并购条款

股份回购

与合作公司相互持股

制定分期分级董事会制度

图8-4 应对恶意并购的措施

1. 设置反并购条款

事前做好充分的准备能够有效预防公司被恶意并购。在订立公司章程时加入反并购条款，可以预防潜在的并购威胁。公司通常可以采取以下几种做法。

（1）规定每年只能按照 1/4 或 1/3 的比例进行董事的改选，保证公司的控制权始终为本公司的董事所掌握，即使并购方拥有足够的股权，也无法实现对公司的控制。

（2）规定如果公司内部出现分立、合并或重要职位任命等重大决议，必须经过绝大多数股东表决同意。《公司法》第六十六条第三款规定："股东会作出修改公司章程、增加或者减少注册资本的决议，以及公司合并、分立、解散或者变更公司形式的决议，应当经代表三分之二以上表决权的股东通过。"这项规定增加了并购方并购目标公司的成本和难度。

（3）规定并购方向所有股东支付的股价必须相同，实行公平价格。

（4）规定董事的任职要求。只有满足了一定条件的人，才可以担任公司的董事。

（5）规定当公司被并购时，债权人可以立即收回巨额债权，从而给并购方造成巨大的债务压力。

2. 股份回购

股份回购指公司可以通过现金、公积金或者发行债券的方式进行融资，将发行在外的部分股份购回。这种方式会减少流通的股票数量，在不影响公司利益的情况下，剩余股票的收益率上升，其市价也会随之上涨。公司可以以高于并购价格的价格进行股份回购，这样并购方就必须提高自己的并购价格，并购的成本和难度增加。

公司进行股份回购通常通过举债或出售资产的方式，这样可以提高公司的负债比率，使并购的收益降低，以降低并购的成功率。

3. 与合作公司相互持股

公司可以与合作公司相互持有对方的股权，如果一方面临被恶意并购的威胁，另一方可以伸出援手。合作双方相互持股的方法既能起到很好的反并购效果，又能使合作公司之间形成稳定的交易关系。但合作双方相互持股具有连锁效应，一旦其中一家公司被收购，另一家也会间接被收购。

4. 制定分期分级董事会制度

设立分期分级的董事会，可以确保即使公司面临被恶意收购的风险，也能保持董事会的稳定，从而加大收购难度。我国《公司法》中没有禁止分期分级董事会制度，而是将是否制定这一制度的权力交给上市公司董事会和股东会，而且，还在一定程度上鼓励董事会保持稳定。

例如，《公司法》第七十条第一款、第二款规定："董事任期由公司章程规定，但每届任期不得超过三年。董事任期届满，连选可以连任。

董事任期届满未及时改选，或者董事在任期内辞任导致董事会成员低于法定人数的，在改选出的董事就任前，原董事仍应当依照法律、行政法规和公司章程的规定，履行董事职务。"

8.2.5 辉瑞的并购历史是"买买买"的历史

并购是医药行业的常见经济活动之一，是推动医药行业发展的重要力量。医药公司并购的核心动因在于医药行业的特殊性。医药公司研发新药品需要付出较高的成本，经历很长的周期，成功率较低，而且还会出现"专利悬崖"，即一旦超过了药物的专利保护期，药物的销售收入就会出现断崖式下跌。

因此，医药公司需要不断推出新的药物，以丰富产品线。一些大型医药公司为了提升自己的研发效率，往往会选择并购规模较小的创新型医药公司。同时，在大型医药公司之间，并购也经常发生。通过并购，医药公司可以提升自己的研发能力，实现业绩增长。

辉瑞就是通过并购推动业绩增长的。辉瑞是美国著名的生物制药公司，业务遍布全球一百多个国家和地区，具备全球领先的药物研发与生产能力。当辉瑞发展到一定体量和规模时，研发回报率开始下降，于是，辉瑞通过并购提升自己的药物研发能力，并降低研发成本。回顾辉瑞的发展历程，其中有不少知名的并购事件。

1. 并购华纳－兰伯特

2000年2月，辉瑞通过换股的方式以900亿美元的价格收购华纳－兰伯特。通过这次并购，辉瑞获得了重磅药物阿托伐他汀，也就是用于治疗高胆固醇血症的立普妥。这次并购帮助辉瑞战略性地完善了心血管产品线。此后，辉瑞利用自身营销优势，将立普妥打造成为全球首个年销售额过百亿美元的药品。

2. 并购法玛西亚

2002 年 7 月，辉瑞宣布以 600 亿美元的价格收购法玛西亚。这次并购让辉瑞拥有了多种治疗不同疾病的药物，如抗关节炎治疗药物西乐葆、治疗膀胱疾病的药物得妥、治疗眼科疾病的药物适利达以及抗菌药物斯沃。

3. 并购惠氏

2007 年，辉瑞以约 680 亿美元的价格收购了惠氏，巩固了其全球最大制药公司的地位。并购惠氏使辉瑞获得了依那西普和肺炎疫苗 Prevnar 13 等惠氏旗下的明星产品。辉瑞一直以来都是化学制药领域的领军人，但在生物制剂领域建树不多，难以形成规模。通过并购惠氏，辉瑞正式进入生物制剂领域，实现了战略转型。

并购惠氏之后，辉瑞又陆续进行了几次收购，但规模都较小，金额均不超过 200 亿美元。直至 2023 年，辉瑞以 430 亿美元的价格完成了对生物制药公司 Seagen 的收购，获得了三款已经上市的 ADC（Antibody Drug Conjugate，抗体药物偶联物）药物和十几款正在研发中的 ADC 新药。

并购极大地推动了辉瑞的发展。一方面，辉瑞通过并购快速延长了产品线，推动了业绩增长，奠定了其全球领先制药公司的地位；另一方面，并购创新型的研发团队为辉瑞自身的研发团队注入了新活力，提高了其研发出重磅产品的可能性。

回首辉瑞近 20 年的发展史，可以发现其发展一直伴随着并购，而这也是众多大型制药公司的缩影。未来，兼并活动将继续在更多制药公司之间上演。

8.3 持股联盟：优质资本强强合作

双方或多方通过持有彼此少量股权结成联盟，是优质资本之间实现强强联合的重要方式。联盟方式的核心在于通过持股来对合作主体进行约束，使合作主体之间的信任感与责任感得到提升，从而达到使合作更加稳定的目的。本节将从持股联盟的含义、结成持股联盟的必要性以及经典案例三方面入手，详解持股联盟的相关要点。

8.3.1 如何理解持股联盟

持股联盟就是有着经营往来的两个或多个公司，相互持有对方股份并结成联盟。联盟中的公司能够实现你中有我、我中有你，共担风险的同时也共享盈利。通过凝聚集体的力量，持股联盟能够在资本市场中占据有利地位。

关于持股联盟，有两个十分重要的概念需要厘清：一个是交叉持股，另一个是战略联盟。

交叉持股指的是两个或多个公司互相持有对方的股权。与持股联盟相比，交叉持股的目的在于获取股权收益，交叉持股的公司之间没有具体业务上的往来。

战略联盟指的是两个或多个在市场、渠道、能力、资源等方面有互补性，或在价值创造上能够互相影响，且有着共同目标的公司或特定职能部门，以契约的形式结成联盟。与持股联盟相比，战略联盟通常是以契约的形式来对彼此之间的合作进行约束，而非相互持股。

持股联盟类型多样，可以分为以下几种类型。

（1）简单交叉型持股联盟：交叉持股只存在于两个公司之间，即两个公司互相持有对方股权。

（2）环状交叉型持股联盟：指的是各公司间相互持股，形成一个封闭的环状系统。例如，有A、B、C、D四个公司，A与B之间、B与C之间、C与D之间、D与A之间相互交叉持股，形成复杂的股权关系。

（3）网状交叉型持股联盟：指的是几个交叉持股的公司之间，每个公司都与其他公司存在交叉持股关系。例如，四家公司结成持股联盟，其中每家公司都与其他三家公司存在交叉持股关系。

（4）放射交叉型持股联盟：指的是以一家公司为核心，其与其他几家公司存在交叉持股关系，而除核心公司之外的几家公司之间不存在交叉持股关系。

当前，在A股市场中，交叉持股现象并不少见。不过，大多数公司都是以短时期内获取证券投资的盈利为主要目的，彼此之间结成持股联盟的情况较少。

8.3.2　公司之间为什么要结成持股联盟

随着资本市场的快速发展，公司之间的竞争日益激烈。对于公司来说，与其他公司结成持股联盟的原因主要有两个：一是适应快速变化的外部竞争环境的需要；二是满足自身的战略需求。

持股联盟具备诸多优势，这也是许多公司选择这一经营策略的重要原因。

第一，持股联盟能够稳定公司的经营权，使公司交易成本降低、经营效益提升。

第二，公司之间通过进行适度的交叉持股，能够使彼此的合作与联盟更加稳固，进一步稳定公司的股权架构，有效阻止来自外界的恶意收购与兼并。当公司的股权处于较为分散的状态时，遇到被恶意收购的情况，可以由持股联盟中的其他公司购入公司股权，以此来维持股价，防止股价崩盘，起到反收购作用。

第三，在持股联盟中，公司不以获取持股分红收益为首要目标，而是主要着眼于满足自身向某一垂直领域深入发展的战略需求。这就使持股联盟中的各公司能够有效抑制分红要求，将更多利润留存于公司，有利于公司资本的增值与积累。

此外，持股联盟也有一些较为明显的缺点，例如，联盟对象选择不当，可能会给公司带来股权风险或经营风险。总的来说，持股联盟是一把"双刃剑"，公司需要结合自身实际经营情况，谨慎地做出决策。在与其他公司结成联盟之前，公司需要全方位、多角度地对其进行考察，审慎选择联盟对象，以最大限度降低风险。

8.3.3　丰田 × 马自达：交叉持股，建立联盟

面对汽车领域日趋激烈的市场竞争，经过友好协商，丰田与马自达在自动驾驶与新能源汽车方面展开深度合作，双方交叉持股，建立起可持续性合作关系与稳固的持股联盟。此外，两家公司还达成了共同兴建新工厂的协议，将在技术研发、生产制造等诸多方面开展广泛合作。

　　丰田与马自达合作，是双方为了应对市场对新能源汽车的需求不断增加而做出的战略选择，并且，二者之间的合作还能够使彼此及时获取先进的技术，最大限度地降低开发成本。双方的合作涉及环保、科技等领域，主要包括五大方面：第一，扩大互补产品的阵容；第二，合作开发先进的安全技术；第三，合作开发先进的车载互联技术；第四，合作开发能够用于电动汽车的技术；第五，成立合资公司，建厂投产新车型。

　　二者合作建设的新工厂，主要面向北美市场，生产马自达的 Crossover 车型与丰田的卡罗拉车系，年产量能够达到 30 万辆。通过合作，马自达特有的 Skyactiv 引擎科技能够与丰田的氢燃料电池技术深度融合，二者可以在新能源汽车这一领域共同探索出全新的发展路径。

　　在本次交叉持股的合作中，丰田主要是通过第三方配股这一方式收购马自达发行的约 5.05% 的股权。马自达主要通过处置库存股这一途径，收购等价的丰田股权。

　　总的来看，二者的合作不仅在技术层面实现了强强联合与共同进步，还在资本运作方面为后续的深入发展打下坚实的基础。事实上，纵观全球范围内汽车公司之间的合作，尽管有着各种各样的合作方式，但殊途同归，即实现优势资源共享，强强合作达成联盟，从而能够在市场竞争中牵制对手，占据更大的市场份额。

　　未来，随着市场对产品质量的要求不断提高与细化，市场竞争将更加激烈。为了在市场中突出重围，寻求合作、结成联盟，将成为越来越多公司的必然选择。而通过交叉持股结成持股联盟，将成为公司之间结盟的重要手段。

下篇

IPO与市值增长实操法则

第 9 章

IPO 前的估值:
为上市定价提供依据

当投资者对某一个项目、产品或公司感兴趣时,就会对其进行估值。如果创业者对此不够了解,就可能会得到一个不合理的估值,从而失去融资的机会,或者失去很多股权。

事实上,每家公司都有一个合理的估值范围以及融资交易的价格范围,一旦超出合理的范围,投资者或创业者就会遭受巨大的损失。创业者为公司估值的主要目的在于保护自己的利益,顺利地完成融资。因此,创业者必须掌握关于估值的知识和技巧。

9.1　基础概述：你真的了解估值吗

估值是公司吸引投资者的一个重要条件，是融资过程中的必经之路，创业者必须掌握与之相关的知识。创业者需要了解到，公司的估值并不是越高越好，公司初始融资估值合理，后续的融资才会更加容易。同时，创业者需要了解影响估值的诸多因素，这样才能明确公司的估值是否合理。

9.1.1　公司估值并不是越高越好

对于公司来说，上市前估值并不是越高越好。过高的估值反而会对公司的发展造成不利影响。一些公司在上市前估值时，通常会设定一个较高的估值，以期获得更多的资金，但这容易为公司的发展埋下隐患。

一方面，公司估值过高可能会影响投资者的收益，不利于公司吸引投资者。投资者投资公司，是想在公司上市前以更少的资金获得公司更多的股份，以便在公司上市后通过出售股份获得收益。如果公司上市前估值过高，投资者通过投资难以获得理想的股份，就会影响投资者的利益，使投资者望而却步。

另一方面，公司估值影响上市后股票的价格。公司上市前估值高，股票发行价格一般也高，而这会对公司的未来发展造成不良影响。公司上市后，如果业绩表现并不出色，那么市场中的投资者会认为股票价格是被高估的，不会愿意购买公司的股票，最终使得公司股票下跌。

总之，公司上市前估值不宜过高，而应设定一个合理的估值。在合理的估值、股票价格下，公司发行股票可以激起投资者的热情，促进股票交易。这样公司才可以在上市融资时获得更多投资者的支持。

9.1.2 影响估值的要素

有四个要素会对公司估值产生重大影响，如图 9-1 所示。

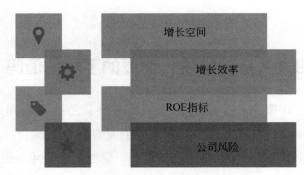

图 9-1 对公司估值产生重大影响的四个要素

1. 增长空间

一家公司能否发展壮大，在一定程度上取决于其是否有充足的增长空间。公司的增长空间越大，其估值往往越高。公司的增长空间取决于它所在行业的增长空间，一般可根据用户渗透率、人均消费水平、行业现状等因素进行判断。

公司的增长空间也与其自身的实力密切相关。只有公司拥有核心技术优势和核心竞争力，拥有良好的发展前景，才能拥有更广阔的增长空间。

2. 增长效率

某公司的利润增幅虽然很大，但大部分现金流被存货、应收账款等占据；而另一家公司的利润增幅也很大，但需要将利润投回公司进行资本支出才能实现增长，股东无法自由支配利润。那么，这两家公司的增长效率高吗？答案显而易见，它们的增长效率都不高。

一般而言，公司自由现金流 = 扣除调整税后的净营业利润 + 折旧摊销 – 资本支出 – 运营资本支出。上述两家公司后两项数额较大，导致其自由现金流减少、增长效率不高、公司估值不高。

3. ROE 指标

假如只能用一个指标来衡量公司经营业务是否出色，那这个指标非 ROE（Return on Equity，净资产收益率）莫属。ROE 指标能体现出公司的独特竞争优势，大多数投资者对业绩表现优异的公司给出的估值都偏高。

也有一些投资者喜欢投资 ROE 指标提升空间大的公司，俗称"黑马股投资"。也许这类公司的 ROE 指标最开始时并不优异，但会因为行业周期、资产剥离、分拆等因素大幅提升，股价快速上涨。

4. 公司风险

即使公司的收益情况不错，但面临的风险过高，其估值也会下降。一般而言，公司面临的风险有三种，分别是财务风险、经营风险、市场风险。

财务风险是指财务杠杆引发的风险。当公司的有息负债过多时，为了偿还这些债务，公司需要减少自由现金流，公司可能会因此面临现金流断裂的风险。

有息负债率 =（短期借款 + 一年内到期的非流动负债 + 长期借款 + 应付债券 + 长期应付款）÷ 总资产 × 100%

当这一指标大于 1 时，公司的财务风险较大。

经营风险是指经营杠杆引发的风险。一旦公司的经营杠杆过高，就意味着成本较高，抵御外在市场波动的能力较低，即使收入出现小幅度下滑，也有可能导致经营利润大幅下滑。

而市场风险是指公司盈利对经济周期的敏感程度。在经济低迷时，处于周期性行业的公司盈利下降程度更大。衡量公司的周期性需要综合考虑多个因素，包括但不限于行业需求变化、公司运营策略调整等。

9.2　估值的三个层次

在考虑公司的估值时，创业者需要关注估值的三个层次，分别是公司基本面、公司生命周期、产业周期。创业者需要综合以上影响因素，以发展的眼光看待公司估值。

9.2.1　第一层次：公司基本面

在公司基本面层次上，创业者需要关注的要点主要有业绩增速、商业模式、竞争格局等。对这些要点进行综合考虑，创业者就能确定相对合理的估值。

1. 业绩增速

业绩增速是衡量公司发展情况的标准之一。一般情况下，公司业绩增速持续提高时，公司的估值也将持续上涨。而公司业绩增长不稳定，出现增长停滞或下滑的现象时，公司的估值就会下降。因此，如果公司对自己的业绩增速有信心，就可以适当提高估值。

2. 商业模式

从商业模式来看，能够在未来为公司带来稳定现金流的商业模式将得到更高的估值。例如，在计算机行业中，以承接项目为主的项目制公司的估值往往较低；而以提供定制化SaaS服务盈利的SaaS公司的估值往往较高。

3. 竞争格局

在两家盈利情况差不多的公司中，如果其中一家是龙头公司，那么其能获得的估值更高。这是由于竞争格局会产生溢价，大部分行业中都存在这种现象。如果公司具有核心竞争力，能够在竞争格局中占据优势地位，就能够获得更高的估值。

公司基本面层次的所有影响因素中，业绩增速是成长性因素，而其他因素则是确定性因素。这些因素可以决定业绩稳定的公司在某一时间节点的估值。但公司的经营过程是动态变化的，估值结果也应该动态调整，因此，创业者需要以发展的眼光看待估值。

9.2.2 第二层次：公司生命周期

公司生命周期是估值的第二个层次，即公司发展过程中的四个阶段：种子期、成长期、成熟期和衰退期。一般来说，上市前估值主要涉及成长期和成熟期的公司。

给公司估值有一个核心的底层逻辑，就是一家公司的估值实际上就是它未来永续现金流的贴现值。一家未来可能有巨大增长空间的公司，会获得一个远超当前利润水平的估值。

公司所处的生命周期不是取决于其成立时间长短和规模大小，而是由其未来的发展空间决定。在规模相同的情况下，处于成长期的公司拥有更广阔的成长空间，可以获得一个较高的估值；而处于成熟期的公司成长空间有限，获得的估值相对较低。

因此，在估值时，公司需要评估自己的未来发展空间。如果公司处于成长期，发展势头良好，在行业中有较大发展空间，那么公司能够获得更高估值。

处于不同生命周期的公司，具体的估值情况不尽相同。成长期的公司虽然有了一些历史数据，但其价值主要来源于未来资产的投资，在把控增长速度管理发展风险方面，十分具有挑战性。成熟期的公司的历史数据更为丰富，增长速度相对稳定，且市场中存在很多与其业务相似、规模相似的可比公司，便于公司进行更加准确的估值。

9.2.3　第三层次：产业周期

产业周期是估值的第三个层次，这一层次的估值区间呈周期性波动的特点。

所有的行业都不可避免地受经济周期的影响，只是有强与弱的区别。例如，白酒和半导体都是成长股，前者属于消费品行业，后者属于高端制造业，区别在于消费品的成长周期特别长，而高端制造业随着产业的发展趋势而成长，一般只能够维持两三年的高增长，受经济周期的影响更明显。

受产业周期的影响，公司发展也具有周期性。当公司所在的产业处于周期性成长阶段时，公司能够借势实现飞速发展；当公司所处的产业处于周期性衰退阶段时，公司的发展会面临重重阻力，往往会出现增速放缓的现象。

基于产业周期因素，公司在考虑自身估值时，需要考虑到自身的发展规模。一些公司规模较大，重资产过多，应对产业周期变动的机动性比较差，估值受产业周期变动的影响较大。反之，规模较小、轻资产较多、机动性较强的公司，估值受产业周期变动的影响较小。

产业周期能够在一定程度上影响公司估值。当产业处于高速发展期时，公司往往能够获得一个较高的估值；当产业处于低谷期时，公司往往获得一个较低的估值。因此，在确定估值时，公司需要考虑当前所处的产业周期，如是处于产业高速发展期还是低谷期，并依据未来的产业形势对公司估值进行适当调整。

9.3　盘点常用估值方法

计算公司估值的方法多种多样，如现金流贴现法、可比公司法、可比交易法等。创业者需要全面地了解这些方法，来计算出公司的估值范围。

9.3.1　现金流贴现法

现金流贴现法指的是以未来特定期间的预期现金流为依据对公司进行估值的方法。它以公司的平稳发展为前提，对公司未来 5 ～ 10 年的预期收益进行计算。使用现金流贴现法时，创业者需要做好以下两项工作。

1. 现金流估算

现金流估算可以体现出创业者与投资者之间达成的一致看法，例如，公司未来的利润率会有所提高，或者销售增长速度可能会下降，又或者需要增加投入对现有的设备和厂房进行保养等。

假设 A 公司有 1000 万元的现金流，且销售前景十分不错，其现金流将会在未来 5 年以每年 10% 的速度增长。由于竞争不断加剧，5 年后 A 公司的现金流增长速度降为 5%。我们可以根据以上信息，对 A 公司未来 10 年的现金流进行估算，如表 9-1 所示。

表 9-1　A 公司从第 1 年到第 10 年的现金流估算结果

时间	现金流
第 1 年	1100 万元
第 2 年	1210 万元
第 3 年	1331 万元
第 4 年	1464.1 万元
第 5 年	1610.51 万元

续表

时间	现金流
第 6 年	1691.04 万元
第 7 年	1775.59 万元
第 8 年	1864.37 万元
第 9 年	1957.59 万元
第 10 年	2055.47 万元

相较于上市公司，非上市公司的历史财务状况并不透明、清晰，因此必须谨慎估算其现金流。

2. 贴现率估算

贴现率，又称"折现率"，是指今后收到或支付的款项折算为现值的利率。贴现率通常反映了金融市场上的无风险利率（常以国债收益率表示）以及投资者对风险的厌恶程度，因此不同行业、不同企业以及不同投资者的贴现率可能存在差异。

要如何估算贴现率呢？美国晨星公司设定美国股市贴现率的平均值为10.5%，并结合自身的经验设定了一个贴现率的区间，即 8% ～ 14%。

一般来说，公司的风险越高，波动越大，贴现率就越高，数值越接近14%；公司的风险越低，波动越小，贴现率就越低，数值越接近 8%。

总之，现金流贴现法是一个十分有效的公司估值方法。创业者必须知道，任何关于现金流增长率或贴现率的变化都会对公司的估值产生巨大的影响。

9.3.2　可比公司法

可比公司法指的是用同行业的可比公司乘数判断公司的估值，这是一种常见的公司估值方法。通常来说，可比公司的数据更具时效性和真实性，能够得出一个比较准确、可信的估值结果。使用可比公司法的关键是掌握以下三个步骤。

1. 在同行业中挑选可以参照的公司

可比公司法提供了一个市场基准，公司可以按照这个基准对自身的价值进行评估。这个市场基准应该是公司所处行业中可以参照的其他公司，能够为公司估值提供一个具有较强相关性的参考。通常都是优先分析公司的竞争对手，因为竞争对手往往与公司存在相似的业务类型、发展战略以及风险。在确定竞争对手方面，创业者最好准备 5 ～ 10 个样本。

2. 计算同类公司的主要财务比率

同类公司的主要财务比率包括投资收益、盈利能力以及杠杆率等。公司的盈利能力可以通过毛利率、息税折旧摊销前利润率、息税前利润率、净利润率四个指标进行衡量，这四个指标对盈利能力有着不同的影响。投资收益通常通过三个指标进行分析：投入资本回报率、净资产收益率和资产回报率。

杠杆率指的是公司的负债水平，一般以债务与息税折旧摊销前利润的比率、债务与资本总额的比率以及覆盖比率为指标进行衡量。杠杆率越高，公司的财务风险越大。

将收集好的财务数据整理并制作成表格，创业者就可以根据表格的数据计算同类公司的相关倍数。

3. 用这些比率作为市场价格乘数计算出估值

完成以上步骤之后，创业者就需要比较自身公司与同类公司，以进一步确定估值范围。对关键性业务和财务绩效指标进行对比，以及比较交易倍数，创业者可以识别出与自己的公司最相似的公司，然后根据相似公司的估值确定自己公司最终的估值范围。

9.3.3 可比交易法

可比交易法指的是从相似的融资案例中找到有用的财务数据，根据这些数据计算出相应的融资价格乘数，以此为依据对公司进行估值。

可比交易法的操作步骤可以分为以下两步。

首先，挑选同行业中被投资的相似公司。可比交易法并非直接分析公司的市场价值，而是在市场上寻找类似的融资交易。一般情况下，同行业的同类公司被并购的案例具有很高的参考价值。计算出类似融资交易中估值的平均溢价水平后，就可以用这个溢价水平计算出公司的价值。

　　然后，计算相应的融资价格乘数。在已经被投资、被并购公司的估值基础上，获取与融资估值相关的财务数据，并计算出相应的融资价格乘数，以此为依据对公司进行估值。

　　例如，A 公司与 B 公司同属一个行业，具有相似的业务，而 B 公司的经营规模是 A 公司的 3 倍。不久前，A 公司获得了融资，如果此时对 B 公司进行估值，就需要将 A 公司的估值扩大 3 倍左右。

　　可比交易法也许会使实际的估值产生偏差，但从整体上看依然具备一定的可参考性。因此，创业者需要掌握这一方法，向投资者展示一个较为合理的估值。

第 10 章

上市方案设计：
资本也要适当"包装"

在进行上市方案设计时，有以下几点需要注意：机构的安排与制度设计；选择合适的上市模式；明确上市的核心事项；上市公司的五大管理规则；上市风险等。只有谨慎对待这些注意事项，对资本进行适度"包装"，拟上市公司才能顺利上市。

10.1　准备工作：机构安排与制度设计

公司在上市前需要聘请相关机构，并进行制度设计，这能够帮助公司降低经营成本，改善资本结构，提高抗风险能力。

10.1.1　上市所需三大中介机构

根据相关法律规定，公司在上市前需要聘请三大中介机构：会计师事务所、券商、律师事务所。

1. 会计师事务所

会计师事务所主要负责对公司的财务报表进行审计，并出具审计报告。在特殊情况下，也会为公司出具验资报告。一个优质的会计师事务所可以帮助公司省下不少精力。公司可以从以下四个方面出发，寻找优质的会计师事务所。

（1）专业资质。公司需要确定会计师事务所及其会计师是否具有从事这一行业的专业资质。例如，想要成为审计 IPO 的注册会计师，需要通过注册会计师执业资格考试，并在国内从事审计工作 2 年以上。

（2）相关经验。公司需要了解会计师事务所是否具有辅导其他公司 IPO 上市的经验。例如，能否胜任财务审计、出具财务报告、准备 IPO 资料等工作。

（3）服务能力。会计师事务所不仅需要具有扎实的业务能力与较高的专业水平，还需要具有服务能力，能够以良好的态度完成工作。

（4）服务费用。公司还需要考虑会计师事务所的服务费用，以合理的价格雇用合适的会计师事务所。

2. 券商

在公司 IPO 上市过程中，券商主要担任两个角色：保荐人和承销商。保荐人主要负责协助公司上市，如在 IPO 上市过程中对公司进行尽职调查、帮助公司解决问题等。在公司发行股票时，券商将担任承销商的角色，帮助公司发行股票。一个合适的券商能够高效推进公司的 IPO 进程，助力公司树立良好的形象、提高投资者的信心。公司可以从以下五个方面出发，选择合适的券商。

（1）专业水平和经验。在选择券商时，公司应该关注其是否拥有多年的从业经验以及是否对 IPO 流程十分熟悉。公司可以通过了解券商的从业履历和过往参与的大型 IPO 项目来评估其专业能力。

（2）发行价格和利率。在选择券商时，公司应该考虑各项投资费用和费率。公司可以从承销能力和价格两个方面进行考虑，选择承销能力强、价格合理的券商。这样能够降低风险、节省费用。

（3）券商的参与能力。公司需要了解券商是否拥有足够的资源与经验以支撑其完成 IPO。公司还应该全方位地了解券商的参与能力，包括财务、法律、评估、审计等方面。

（4）金融产品和解决方案。公司应该了解券商能否为其提供定制化的上市方案与相应的金融产品。

（5）公司文化。公司应该着重了解券商的公司文化，了解其是否与自身的文化和价值观相符，这关系到双方的合作是否顺利。

3. 律师事务所

律师事务所主要负责从法律的角度对公司进行全方位的尽职调查，帮助公司进行股份改制、出具法律意见书、制定合规方案等。律师事务所的责任十分重大，因此，选择一个优质的律师事务所十分重要。

公司可以从以下四个方面出发，选择合适的律师事务所。

（1）专业资质。律师事务所是为公司提供上市法律咨询服务的专业机构。在选择律师事务所时，公司应该审核其是否具有从业资格证以及其他证件。

（2）相关经验。律师事务所应该具有辅导公司 IPO 上市的经验，了解 IPO 程序，熟悉相关法律法规，能够为公司提供全面、合理的建议。

（3）服务能力。公司应该选择能够提供专业服务的律师事务所，专业服务包括能够解决争议、与有关部门协商等。

（4）服务费用。公司可以多咨询几家律师事务所，了解其收费标准与服务质量，并进行对比，从而选择适合自己的律师事务所。

在上市前的准备工作中，会计师事务所负责财务工作，券商承接的是公司的上市业务，而律师事务所与公司有着更深层次的合作。律师事务所除了在出具相关文件时保持中立的态度，在其他的事务上完全与公司站在同一立场。因此，在选择律师事务所时，公司还需要考虑信任这一要素，选择一个可信的律师事务所。

10.1.2　上市前股权激励，完善激励制度

一般来说，公司在上市前通常是以有限公司的形式运行的，而为了满足上市要求，公司需要改制成股份公司。上市改制是完善公司管理制度的好时机，为了留住核心人才，公司需要搭建完善的股权激励制度。

股权激励是一种能够促进公司长久发展的制度，指的是公司将部分股权分配给核心员工，使其能够共享公司利益，并能够参与决策。股权激励制度使员工拥有了股东的身份，能够增加员工的身份认同感，使员工更愿意为公司付出，为公司作出更大的贡献。

公司上市前的股权激励方案设计并不是一件容易的事情，总共有以下七个步骤。

1. 定人员：选择激励对象

公司通过授予股权的方式使激励对象的利益与公司的利益相一致，以实现长远发展。在这种前提下，只要是能够推动公司发展的员工都可以作为股权激励的对象。

公司在选择股权激励的对象时，需要注意两点：一是设置一定的门槛，避免将股权当作每个员工都可以享有的福利；二是避免股权激励的范围太窄，只针对少数员工。如果忽视这两点，将很难发挥股权激励对公司的正向推动作用。如果每个员工都参与股权激励，就无法真正地起到激励作用；如果仅局限于少数员工，那么会引起许多员工的不满，员工会感觉

到不公平。

2. 定模式：确定股权激励的模式

股权激励模式多种多样，包括股票期权、限制性股票、虚拟股票等。公司应该对各种股权激励模式的内容、优缺点进行了解，并根据自身的情况选择合适的股权激励模式。在选择股权激励模式时，公司可以遵循以下几个原则。

（1）目标导向原则。公司需要确定股权激励所要解决的问题与期望达到的目标。如果公司抱着从众的心态，因为其他公司实行股权激励，所以自己也实行，就很容易半途而废。公司应在一开始就确定股权激励目标，并朝着目标努力，这样股权激励才更高效。

（2）多样化原则。有时候单一的股权激励模式无法满足公司的要求，因此，公司可以选择多种模式相结合。根据自身情况、激励对象的不同，公司可以将多种激励模式相结合。例如，针对高层，股权激励应该兼具激励与约束两种作用，公司可以采取限制性股票、业绩股票等方式。

（3）动态原则。公司的规模、业务、组织架构是动态变化的，因此，股权激励模式也应该随着公司的发展而变化。

（4）最优成本原则。公司应该考虑成本，选择成本最优的激励模式。如果公司在实施股权激励的过程中耗费了许多成本，那么会使自身的财务压力增加。

3. 定来源：确定股权激励的股票来源

公司需要确定实行股权激励的股票来源，因为股权激励的股票来源会对股东的权益、公司的资金等方面产生影响。

目前，上市公司用于股权激励的股票主要有四个来源，分别是定向增发、回购股票、股东转让和留存股票。公司在制定股票来源方案时，应该考虑方案的可行性、经济性和持续性。

可行性指的是激励股票需要在合法合规的情况下给予激励对象，且应操作简便；经济性指的是在保证激励效果的前提下，实现成本最优化；持续性指的是股权激励应该避免受到外部因素的干扰，能够长期而稳定地进行。每种激励股票来源方案都具有优缺点，公司可以根据自身实际情况灵活选择或组合使用。

4. 定数量：确定股权激励的股票数量

公司需要确定股权激励的股票数量，包括股票总数量和单个激励对象获得的股票数量。

股票数量的设置与公司的激励力度、公司控制权等因素息息相关。公司设置的股票数量少，激励效果可能不明显；设置的股票数量过多，则会影响公司的控制权，进而影响公司的正常运转。因此，公司应设置科学合理的股票数量，确保股权激励的有效性。

5. 定价格：确定股票行权价格

行权价格指的是在股权激励中，公司会为激励对象设置一个特殊的股票价格，即激励对象在未来行权时购买股票的价格。行权价格往往与股票的市场价格存在一定差价，这部分的差价是股权激励的核心。因此，行权价格的设置至关重要，其合理性与股权激励的成败息息相关。

6. 定时间：确定股权激励的时间节点

股权激励是一项需要长期执行的制度，公司想要取得良好效果，就需要对各个时间节点进行精心的设计。合理规划时间节点既有助于实现公司的长期激励目标，又能激发员工持续努力。一般而言，公司会设计以下几个关键的时间节点：股权激励方案有效期、等待期、解锁期等。

7. 定条件：确定股权激励的约束条件

如果股权激励没有约束条件，就会变成单纯的奖励。股权激励的约束条件主要包含两个方面，分别是授予条件和行权条件。

授予条件是激励对象获得股权需要满足的条件，如达到一定工作年限、完成一定的业绩目标等。如果不满足这些条件，激励对象就无法获得股权。股权的授予方式分为一次性授予和分期授予。行权条件指的是激励对象行使股权索取权时所要满足的条件。公司设置的行权条件往往是业绩考核达标，即激励对象业绩考核通过，才能够行使相应的权利。

以上是公司上市前股权激励方案设计的七大步骤。需要明确的是，股权激励并不是分出公司资产，而是通过制度激发员工对股权的期望，使员工更加努力，共同推动公司做大做强。

10.1.3　建立收购与反收购制度

在上市过程中，公司可能会遭遇恶意收购，导致创始人失去对公司的控制权。因此在上市之前，公司需要建立收购与反收购制度，避免因上市融资导致股权分散。

恶意收购的手段主要有两种：一种是高价诱惑，另一种是"狙击手"收购。

（1）高价诱惑。收购者会以致函的形式向公司的董事会许诺高价收购公司股票。董事会须按照规章制度向全体股东公开这一信息，许多分散的小股东也许会因为利益诱惑而选择同意收购。

（2）"狙击手"收购。"狙击手"收购指的是收购者会在市场上购买公司股票，并提出收购请求，根据公司的反应进行下一步动作。此外，收购者还会收集大量投票委托书，以获得足够多的投票权，从而达到改组董事会的目的。

面对恶意收购，公司应该采取怎样的反收购措施？反收购措施包括预防性反收购措施和防卫性反收购措施两种。

其中，预防性反收购措施主要包括五种，用于防范公司被收购。

（1）设置不同的股份计划。公司会为不同的股东设置不同的股份计划，使每个股东都获得一些特定的优先权利。当公司面临被收购的危机时，股东的优先权利可以使公司的财务结构弱化，或者收购者虽然获得一些股票但没有投票权。在这样的设置下，收购者会因为一些不利影响而放弃收购。

（2）设置反收购条款。反收购条款又被称为"驱鲨剂"和"豪猪条款"。"驱鲨剂"指的是公司在被收购前在公司章程中添加限定条款，使收购活动难以推进。"豪猪条款"指的是公司会在建立之初设定一些防御条款，例如，所有收购活动只有经过全体董事同意才能生效。

（3）金色降落伞。金色降落伞指的是公司与其管理层签订合约，规定当公司的控制权发生变更时，管理层可以获得高额赔偿金。这种合约能够增加收购者的收购成本，降低其收购意愿。

（4）设置员工持股计划。员工持股计划指的是公司允许员工购买公司股票，并为员工建立持股信托。这种方法是预防性反收购的重要手段之一。因为一家公司被收购者收购后，员工可能会面临失业危机，所以持股的员工不愿将股票出售给收购者，从而使收购活动难以推进。

（5）设置提前偿债条款。公司可以在其章程中添加类似于"当公司被收购时，收购者需要帮公司偿还未到期的债务"的条款。这类条款会使收购者在收购成功后面临大额财务危机，从而放弃收购。

防卫性反收购指的是在收到收购要约之前，公司将会通过多种方式阻止收购活动的推进。公司常用的防卫性反收购措施主要有四种。

（1）"白衣骑士"。公司在面临恶意收购时，会寻求一个支持者，与恶意收购者共同竞争，这个支持者便被称为"白衣骑士"。公司可以借助"白衣骑士"战略提高恶意收购者的收购价格，增加对方的收购成本。

（2）帕克曼式防御。帕克曼式防御是一种反收购措施，特点是以攻为守，使恶意收购者处于被动地位。例如，当公司遭到恶意收购后，公司会对恶意收购者所在的公司发起收购要约，形成相互牵制的局面。

（3）焦土政策。焦土政策是一种对公司自身损害极大的方法。在察觉到收购者的收购意图后，公司将资产大量抛售，或者采取其他方法对自身进行破坏，从而阻止收购。例如，公司通过回购股份的方式制造大量债务，这样一来，即便被收购，收购者也需要承担相关债务，收购者可能会因此选择放弃收购。

（4）锁定安排。在这种措施下，公司提前与收购者进行沟通，并为其提供一些好处，以避免被恶意收购。锁定安排包括为收购者提供公司未发行的股票、股票期权等。

10.1.4　建章立制，为公司运营提供规范

股份公司在最初成立时，需要依据相关法律要求制定公司章程，作为维护公司、股东以及债权人权益的依据，来规范公司的经营管理以及股东之间的权利、义务关系。

因此，公司要在上市前建章立制，确保公司的经营符合规范，可以保持高效运营。公司需要从实际出发，制定并完善公司制度手册，内容需要

包含董事会议事规则、股东会议事规则、监事会议事规则、独立董事设置规则等，将公司章程中的规定具体化，逐渐形成公司的治理结构。除此之外，公司还要根据公司章程的规定做好内部管理，制定相应的制度，提高经营效率，使公司披露的信息更具可靠性。

实际上，强化公司内部控制是上市公司建章立制的重点所在。只有做好内部控制，才能建立规范、合法的公司制度，完成公司的制度改革。

10.2　选择合适的上市模式

许多公司在选择上市模式时陷入两难的境地，不知道该选择境内上市还是境外上市。实际上，境内上市与境外上市各有优势和劣势，公司可以根据自己的实际需求进行选择，让公司的股权架构与上市目标相匹配。

10.2.1　境内上市

境内上市的公司市盈率大多为 30 ～ 40 倍，发行市盈率高于其他交易市场同行业股票的市盈率。境内上市的核心优势在于，公司能以相同的股份融到更多的资金。下面我们具体来了解一下境内上市。

1. 交易币种：A 股和 B 股

A 股即人民币普通股票，指的是在中国境内发行并上市的股票，仅供境内的机构、个人以及居住在境内的港澳台居民使用人民币进行认购和交易。换句话说，通过人民币进行交易的股票被统称为 A 股。

B 股指的是人民币特种股票，也称"境内上市外资股"。B 股由中国境内公司发行，面值为人民币，但需要以外币认购、买卖，主要提供给港澳台，外国的自然人、法人和其他组织，以及在国外定居的中国公民进行投资买卖。

下面是 A 股和 B 股的对比，如表 10-1 所示。

我国的 A 股市场于 1990 年年底诞生，其上市公司数量和总市值远超 B 股，是中国股票市场当之无愧的代表。

表 10-1　A 股和 B 股的对比

名称	定义	交易币种	记账方式	交割制度	涨跌幅限制	参与投资者
A 股（人民币普通股票）	指在中国境内注册、在中国境内上市的普通股票	以人民币认购和交易	A 股不是实物股票，以无纸化电子记账	实行"T+1"交割制度	±10%	中国境内机构、个人以及境内居住的港澳台居民
B 股（人民币特种股票）	指在中国境内注册、在中国境内上市的特种股票	以人民币标明面值，只能以外币认购和交易	B 股不是实物股票，以无纸化电子记账	实行"T+3"交割制度	±10%	港澳台以及外国的自然人、法人和其他组织以及定居在国外的中国公民

　　A 股的上市要求十分严格，门槛较高，相对来说周期也较长，但很多中国境内公司依然将在 A 股上市作为长期目标，主要原因有四点：市盈率高、融资能力强、发行成本低、本土市场国内知名度高。

　　我国 B 股市场于 1992 年设立，主要目的是吸引外籍投资者，使中国股市的融资能力增强。我国外汇短缺的问题随着 B 股市场的建立得到了很好的解决。然而随着 B 股的不断发展，其逐渐暴露出许多问题，如融资困难、交易冷清等。

　　因此，B 股转 A 股逐渐成为一种趋势。近年来，随着 B 股市场改革进一步深化，许多 B 股公司开始回购 B 股，将其转换为 A 股。B 股转为 A 股可以提高股票的流通性，提升股票的市场价值，为公司提供更便捷的融资渠道。

2. 三大证券交易所：上海证券交易所、深圳证券交易所、北京证券交易所

　　从交易场所来看，境内上市涉及三大交易所：上海证券交易所、深圳证券交易所、北京证券交易所。

　　上海证券交易所和深圳证券交易所均成立于 20 世纪 90 年代，拥有诸多相似之处。二者的组成方式均为会员制，且都为非营利性的事业单位，业务都包括组织并管理上市证券、提供证券交易场所、提供上市证券市场信息等。

北京证券交易所成立于 2021 年，组织方式为公司制，主要服务于创新型中小企业，门槛较低。例如，上海证券交易所规定，申请在科创板上市的公司，预计市值需达到 10 亿元。而在这方面，北京证券交易所的要求为 2 亿元，门槛更低。北交所的成立为公司在境内上市提供了更多选择，加速了中小型公司上市的进程。

10.2.2　间接境外上市

间接境外上市即境内公司在境外"借壳"上市。境内公司与境外公司之间通过资产或业务的注入、控股进行关联。借壳上市有两种模式：境外买壳上市和境外造壳上市。它们的本质都是将境内公司的资产注入境外壳公司，以实现国内资产境外上市的目的。

下面分别讲解境外买壳上市和境外造壳上市。

1. 境外买壳：收购境外上市公司

境外买壳上市的主体有两个，分别为境内公司和境外上市公司。境内公司需要找到一个合适的壳公司，即境外上市公司。境内公司找好壳公司后，就会对其注资，以获得壳公司的部分或全部股权，从而实现在境外间接上市的目的。

境外买壳上市有两个优点：能够合法规避中国证监会对申请境外上市的公司的审批程序；买壳上市对公司的财务披露要求比较宽松，缩短了实际上市的时间。

但买壳上市也存在弊端，例如，买壳上市成本高、风险大。一些境内公司对境外上市公司不够了解，收购后才发现买了垃圾股票，不但实现不了融资的目的，还要背上巨大的债务包袱，付出极大的代价。

那么，公司应选择境外买壳上市还是直接上市呢？对于这个问题，公司管理者需要明确公司的现状、目标、融资的急迫性以及计划采用的融资模式。

如果公司已经满足上市的要求，那么最好的选择是直接上市。这要求公司必须严格遵守上市地的监管法则以及市场规则，但这不是所有公司都能做到的。例如，一些公司的业绩长期处于负增长状态，无法满足上市对业绩的要求。同时，选择上市的时机也很重要，如果恰逢市场低迷时上市，就很难获得成功。

此外，如果公司在短期内需要进行大规模的融资，那么直接上市的等待期就过于漫长，很容易拖垮公司。因此，公司需要准备除了直接上市以外的后备方案，也就是境外买壳上市。境外买壳上市的成本极高，但具有其他上市方式所不具有的优点。在合适的时机下，境外买壳可以以最短的时间实现对一家上市公司的控制，无需耗费大量时间准备上市。不少公司都是先在香港买壳，然后在最佳的融资时机成功集资套现。

总体上讲，境外买壳上市的方式更适合那些股东拥有雄厚的资金实力，可以先付钱买壳再解决融资需求的公司。境外买壳的地点可以选择美国、新加坡等。公司可以根据自身的经济情况，评估不同地点买壳上市的成本，从而选择买壳的地点。

2. 境外造壳：境外注册中资控股公司

境外造壳上市就是境内公司在境外开一家公司，一般是在证券交易所所在地或者其他允许的国家或地区开一家公司。然后境内公司会以外商控股公司的名义，将相应比例的权益和利润并入境外公司，从而实现境外上市的目的。一般情况下，境内公司大多会选择在开曼群岛、库克群岛等地注册新公司。

境外造壳上市除了可以在上市过程中规避政策监管外，还能利用避税岛政策实现合理避税。以下是境外造壳上市的优势，如图10-1所示。

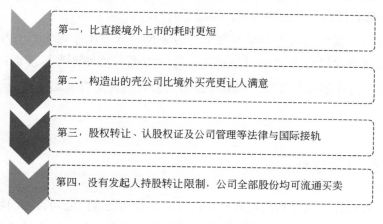

第一，比直接境外上市的耗时更短

第二，构造出的壳公司比境外买壳更让人满意

第三，股权转让、认股权证及公司管理等法律与国际接轨

第四，没有发起人持股转让限制，公司全部股份均可流通买卖

图 10-1　境外造壳上市的优势

第一，比直接境外上市的耗时更短。境外造壳上市的实质其实是公司在证券交易所以一家境外未上市公司的名义申请挂牌上市。这种方式可以有效避免在直接境外上市的过程中可能会遇到的不同国家法律相互冲突的问题，缩短了上市的时间。因此，很多境内公司都选择先注册一家境外公司，再以境外公司的名义申请挂牌上市，如新浪、网易等。

第二，构造出的壳公司比境外买壳更让人满意。境外买壳是公司从现有的上市公司中选择与自己最匹配的一个，而境外造壳则是公司直接在境外成立一个壳公司申请上市。相比而言，在造壳上市的过程中，公司能够充分发挥主动性，打造一个更符合自己需要的壳公司。

从获取壳公司的路径上看，造壳的成本低于收购上市公司的成本；从业务协同性上看，公司与其在境外注册的壳公司之间可以最大限度地保证与业务相关。公司不仅可以通过壳公司申请上市，还可以借此拓展在境外上市地的业务。

第三，股权转让、认股权证及公司管理等法律与国际接轨。允许壳公司存在的地区多采用英美法系，如开曼群岛、库克群岛等，因此股权转让、认股权证和公司管理等方面的法律规定都与国际接轨，这对上市公司的创始人、股东和管理层有利。国际上的投资者对这类公司的认知和接受程度也更高。

第四，没有发起人股限制，公司全部股份均可流通买卖。在开曼群岛、库克群岛等采用英美法系的地区注册公司，没有发起人股份限制，公司的全部股份都可以流通买卖，提高了公司的资金流动性。

但是，境外造壳上市也有弊端。一方面，先拿出一笔资产在境外注册公司是很多境内公司难以做到的；另一方面，境外证券管理部门对上市公司的营业年限有要求，在境外注册的公司想要上市可能需要经过数年时间。

10.2.3 直接境外上市

直接境外上市与间接境外上市相对应，指的是境内公司直接向境外的证券管理部门申请登记注册、发行股票，同时在当地的证券交易所申请挂牌上市。直接境外上市包括三种类型：H 股、N 股和 S 股。H 股、N 股和 S 股分别指的是内地公司在香港联合交易所、纽约证券交易所和新加坡证券交易所发行股票并上市，如图 10-2 所示。

H股：注册在内地，上市在香港

N股：注册在中国境内，上市在纽约

S股：注册在中国境内，上市在新加坡

图 10-2　直接境外上市的三种类型

1. H 股：注册在内地，上市在香港

H 股也被称为"国企股"，指的是在内地注册、在香港上市的中资公司股票。H 股是实物股票，采用的交割制度为"T+0"，涨跌幅无限制。

香港的投资者对中国内地公司的认知度普遍较高，并且香港的二级市场十分活跃，股票流动性较高。在香港上市，公司能够获得很好的发展。

2. N 股：注册在中国境内，上市在纽约

N 股即在中国境内注册，在美国纽约证券交易所上市的外资股。之所以被称为 N 股，是取自纽约的英文"New York"中的第一个字母"N"。

公司在 N 股上市的优势包括以下两个方面。

一方面，赴美上市使得公司的价值证券化，有利于股东计算自己的财富。美国的资本市场不区分流通股与非流通股。上市后，大股东只要将股票交易价格乘以持有的股数，就能计算出自己所持股票的价值。如果大股东想要退出变现，只需要委托证券交易商即可将股票卖出。

另一方面，美国上市标准公开透明，操作有章可循。对于公司上市发行股票，美国资本市场采用的是注册制，上市过程相对简单。公司只要找到合格的保荐机构、中介机构完成审计、法律风险审查等工作，就可以成功发行股票。

3. S 股：注册在中国境内，上市在新加坡

S 股是指那些在中国境内注册，在新加坡证券交易所上市的外资股。

新加坡证券交易所具备完备的证券和衍生品市场基础设施，在对市场进行监管的同时，还提供上市、交易、清算、结算、存托等服务。

新加坡的税收政策对上市公司十分友好。在新加坡上市，公司可以享受税收优惠，如在一段时间内享受免税待遇。这有利于公司降低成本，获得更多收益。同时，新加坡的国际化程度较高，公司在这里上市，可以吸引更多国际投资者、拓展国际市场等，提升国际竞争力。

10.2.4　上海证券交易所上市案例

公司在上海证券交易所上市是主要的境内上市方式之一。要想成功上市，公司需要了解上海证券交易所的运作机制。

上海证券交易所是一个具有自主运作权和管理权的法定交易场所，提供集中竞价、竞价撮合等多种交易方式，股票、债券等证券都可以流通交易，构建了多层次资本市场体系。

上海证券交易所拥有不同板块，公司需要选择适合自己的板块进行上市。上海证券交易所主板市场、中小板市场、科创板市场三个板块都有相应的上市标准，对公司的净利润、市值、营业收入等有不同的要求，因此公司需要根据自身实际情况，选择合适的上市板块。

同时，公司需要建立健全公司治理结构，充分保障股东、投资者及其他利益相关者的权益。完善公司治理结构还可以提高公司的透明度和可信度，帮助公司获得资本市场的认可。

公司的上市申请需要经过审查，财务指标是审查的重点之一。因此，公司在准备上市时需要对自身财务状况进行全面梳理和评估，确保财务指标达到上市标准。

2023年6月，中国煤炭科工集团（以下简称"中国煤科"）旗下的北京天玛智控科技股份有限公司（以下简称"天玛智控"）首次公开发行A股上市仪式在上海证券交易所举行。这是中国煤科旗下第二家上市公司，也是中国煤科首家在上交所科创板公开发行A股的上市公司。

天玛智控由天地科技股份有限公司（以下简称"天地科技"）控股，主要从事无人化煤矿智能开采装备和技术的研发、生产和销售，致力于以优质的产品和服务提高煤矿开采效率和安全水平，让煤矿开采工人脱离恶劣、危险的工作环境，为煤炭公司创造更大价值。

未来，天玛智控将以科创板上市为契机，借助资本市场的力量，继续聚焦无人化智能开采主业。天玛智控将严格遵守中国证券监督管理委员会和上交所的监管规则，努力打造智能化装备、技术和服务一体化的一流创新型公司。

10.2.5　纳斯达克证券交易所上市案例

纳斯达克证券交易所是许多国内公司赴美上市的主要阵地之一。公司选择在纳斯达克证券交易所上市前，需要注意自身的合规性，以防范上市风险。

公司必须满足纳斯达克证券交易所上市规则中关于上市门槛的各项要求，如公司规模、财务状况、股票价格和公司治理等。公司还需要加强与律师、会计师、投资银行家、证券托管机构和监管机构等多方的沟通和合作，确保在上市前已经做好了所有必要的合规工作，以避免引发风险。相较于其他上市渠道，公司在纳斯达克证券交易所上市的费用更高一些。因此，公司需要提前预估上市成本，并进行资金筹备。

纳斯达克证券交易所是全球顶尖的证券交易市场之一，对成长期的公司非常友好，能够为公司的品牌建设和海外业务拓展带来更多的机遇。但在纳斯达克证券交易所上市并非易事，公司需要花费大量时间和精力进行上市准备工作。公司应该根据自身情况和实际需要综合考虑，确定上市的时间，以便借助资本市场的力量创造更大价值。

2023 年 5 月，一站式汽车服务平台盛大科技与特殊目的公司 Goldenbridge Acquisition Limited 完成合并，并成功在美国纳斯达克证券交易所挂牌上市。

盛大科技致力于开拓在线车险市场，借助自主研发的“盛大车险”App 贯穿新能源汽车交付环节，并与小鹏汽车、蔚来汽车、理想汽车等 10 余家新能源汽车公司合作，塑造了车险场景式营销新模式。

同时，盛大科技基于在线保险业务，努力开拓汽车售后服务市场，致力于为客户提供二手车交易、汽车美容、清洁检修、道路救援等多元化服务。

盛大科技一直致力于寻找合适的上市渠道，以借助资本市场的强大力量进一步拓展核心业务，创造更多价值。成功登陆纳斯达克，对于盛大科技来说是一个里程碑，推动其踏上新征程。

10.3　关于上市的核心事项

在上市之前的准备阶段，公司需要了解诸多事项。其中有两项核心事项，分别是梳理上市流程和不要碰到 IPO 红线。

10.3.1　梳理上市流程

公司上市需要经过一系列流程，按部就班地走完这些流程，公司才能够成功上市。以下是上市的基本流程，如图 10-3 所示。

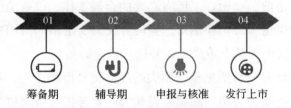

图 10-3　上市的基本流程

1. 筹备期

公司在筹备期需要做一些准备工作，如组建上市工作小组、制定上市工作方案、选定中介机构、召开各种会议等。

公司确定了上市目标后，就需要着手组建上市工作小组。上市工作小组一般由董事长担任组长，董事会秘书、财务负责人、办公室主任以及相关的政府人员为组员。

公司上市离不开三大中介机构，中介机构进场后，就会对公司展开尽职调查。所谓尽职调查，指的是中介机构在公司开展上市工作之前，按照行业公开的执业标准、职业道德等，对公司的法律、财务及相关事项进行现场调查以及资料审查。

尽职调查的内容主要包含以下方面：

（1）公司成立时间、组织架构、人事变动等基本信息。

（2）公司的业务和产品状况。

（3）公司的经营现状以及可持续发展状况。

（4）公司的财务状况和资产状况。

（5）公司的重要合同、知识产权、诉讼状况。

（6）公司纳税、社保、环保、安全状况。

尽职调查完成后，公司上市工作小组需要与保荐人、律师、会计师等一起分析尽职调查的结果，以明确公司当前存在的问题并提出有效的解决方案，然后制定出上市工作方案。

上市工作方案的主要内容有公司现状分析，公司进行改制重组的目标，如何调整股权架构，进行资产重组的原则以及过程中需要注意的问题，进行上市操作的具体事项、时间安排、组织实施、工作程序、职责划分等。

只有股份有限公司才能申请发行股票上市，因此，有限责任公司必须在申请上市前改制为股份有限公司。在改制的过程中，公司需要召开成立大会，参会者需要在会上选举董事和监事。

公司成立大会必须在完成注资、验资之后，由发起人在 30 日内主持召开。大会的组成人员必须是参与公司设立以及认购公司股份的人。在成立大会召开 15 日前，发起人需要将会议日期予以公告或通知各认股人。如果成立大会上出席的发起人和认股人代表的股份总占比不到 50%，成立大会无法举行。

成立大会顺利结束代表着董事会和监事会成员已经确定。之后，发起人需要组织召开第一届董事会会议和监事会会议，并选举出董事长、董事会秘书、监事会主席、总经理等高层管理人员。

我国《公司法》第一百零六条规定："董事会应当授权代表，于公司成立大会结束后三十日内向公司登记机关申请设立登记。"

公司登记机关在收到设立股份有限公司的登记申请文件后，会对其进行审核，对符合规定的，予以登记，并下发营业执照。只要拿到了营业执照，就表示公司改制顺利完成。营业执照的签发日期就是股份有限公司的成立日期。公司成立后需要及时进行公告。

2. 辅导期

中国证监会有关规定指出，公司在提出上市申请前，必须经过具备主承销资格的证券公司对其进行至少为期 3 个月的辅导。公司接受上市辅导的程序如下。

（1）聘请辅导机构。公司需要对辅导机构的专业资格、市场推广能力、业务水平等方面进行综合考察。确定辅导机构之后，公司就要尽快让辅导机构介入上市流程。

（2）股份有限公司成立后需要与辅导机构正式签署辅导协议。在签署辅导协议后的 5 个工作日内，公司与辅导机构需要到当地的证监会派出机构进行辅导备案登记。协议签署后，每隔 3 个月，辅导机构就要向证监会报送一次辅导工作备案报告。

（3）辅导机构会在辅导过程中对公司当前存在的问题提出整改意见，再由公司进行整改。如果出现了难以解决的问题，公司可以向权威部门寻求帮助，尽快将其解决。

（4）公司需要将上市相关事宜在媒体上公告，并接受整个社会的监督。辅导期满 6 个月后，公司需要在 10 日内将辅导过程以及上市的相关事项在当地至少两种主要报纸上连续公告两次以上。公告后，公司要积极配合相关调查，以消除风险、隐患。

（5）接受辅导的人员要在辅导期内至少进行一次书面考试，直到全体应试人员参试成绩合格为止。

（6）辅导期结束后，如果辅导机构认为公司已经符合上市的标准，就可以向证监会派出机构提交辅导评估申请。证监会派出机构收到申请后，会在 20 个工作日内对辅导工作进行评估，评估合格后会出具"辅导监管报告"，向中国证监会提交辅导效果评估意见。这代表着辅导期结束。如果证监会派出机构对辅导工作的评审结果为不合格，则会要求公司根据实际情况延长辅导时间。

辅导合格的有效期为 3 年，公司可以在有效期内向主承销商申请发行股票上市。如果超过了 3 年的期限，就需要按照规定的程序和要求重新聘请辅导机构进行辅导。

3. 申报与核准

在经过 3 个月的上市辅导之后，公司就可以正式向中国证监会提出上市申请，中国证监会受理后会进行核查。这是决定公司能否成功上市的关键步骤，公司必须十分重视。

在申报与核准阶段，公司需要制作申报材料。一般情况下，申报材料由各个中介机构分工制作，经主承销商汇总并核查，通过后出具推荐函，再将其报送中国证监会审核。中国证监会收到上市申请文件后，会在 5 个工作日内决定是否受理。如果证监会同意受理，公司就需要按照相关规定缴纳审核费用。

中国证监会在受理上市申请后会对公司进行初审。在初审阶段，中国证监会需要至少向公司反馈一次初审意见，然后公司和主承销商要根据初审意见对申请文件进行补充和完善，并再次报送中国证监会。中国证监会进一步审核补充的申请文件，并向发行审核委员会提交初审报告和申请文件。发行审核委员会给出的审核意见将成为中国证监会是否核准申请的依据。

如果核准通过，中国证监会将出具核准文件，反之，则会出具书面意见以及不予通过的原因。没有通过核准的公司可以在收到书面决定起两个月内申请复议。收到复议申请后，中国证监会将在两个月内重新做出决定。

4. 发行上市

在取得核准上市的批文之后，公司需要刊登招股说明书，开展询价和路演活动，按照发行方案发行股票。

完成以上全部流程之后，公司才能上市。

公司首次公开发行股票，需要刊登招股说明书。发起人需要对其他已上市公司的招股说明书进行研读，再结合本公司的实际情况撰写招股说明书。通常来说，招股说明书的申报稿需要在发起上市申请的同时完成。公司在发行上市前需要与证券交易所商讨招股说明书的定稿版，然后在证券交易所的官网上刊登。

招股说明书刊登完毕后，接下来公司就需要确定股票发行价格，通常有以下三种方式。

（1）协商定价。公司和保荐机构根据股票估值协商确定发行价格，再报证监会核准。为了刺激投资者认购、保证股票上市后表现优秀，一般股票发行价格会比二级市场价格低一定幅度。

（2）向法人投资者询价定价。公司和保荐机构根据股票估值确定股票发行价格的上限和下限，并向法人投资者询价，根据其预约申购情况确定最终发行价格。

（3）向所有投资者累计投标定价。公司和保荐机构根据股票估值确定发行价格区间，投资者在发行价格区间内按照不同发行价格申购不同数量的股票，主承销商将所有投资者在同一价格之上的申购量进行累计计算，得出在不同价格水平之上的总申购量。

在确定股票价格期间，公司还要进行路演活动向社会推广股票，路演情况也是股票定价的参考因素之一。

在进行路演活动时，公司需要设计一个完善的路演活动方案，可以遵循以下流程对路演进行策划。

1. 明确目的

一般来说，公司进行路演的目的是宣传项目，以期获得投资者的投资。对于公司来说，不同轮次的融资，路演的重点应该有所不同。例如，上市路演的重点是介绍公司的运营现状和发展前景，促进投资者与公司之间的沟通和交流，以保证股票顺利发行。

2. 明确路演主题

路演主题是路演活动的核心，旨在通过简短的表达，让投资者了解路演的核心内容。大多数路演都是以介绍商业计划书、与投资者就相关问题进行讨论等为主题。

3. 明确受众

公司需要明确路演对象，即明确参与路演的投资者都有谁，并了解这些投资者的兴趣，在此基础上进行有针对性的路演。

4. 设计路演内容

公司需要精心设计路演内容，包括公司的发展历史、核心产品、市场竞争力、盈利模式、未来发展前景等。同时，公司还需要充分展示未来的战略规划。

5. 明确路演时间和地点

在确定路演时间方面，可以由投资者确定好时间后提前通知公司，也可以由公司自行选择路演时间，邀请投资者按时参加路演。路演地点可以选在宾馆或酒店的会议厅。公司需要根据到场人员的数量选择大小合适的场地。

6. 选择合适的路演方式

当前，线上路演逐渐兴起。在选择路演方式时，公司可以选择线上路演与线下路演相结合的方式，满足更多投资者的参与要求。在进行线下路演时，公司可以通过直播平台进行线上直播，与异地投资者进行实时互动。

合理策划、安排路演活动，公司才能够在路演时游刃有余，在投资者面前大显身手，顺利获得投资。

当询价及路演活动结束后，公司就可以将上市公告书刊登到官网并进行上市交易了。上市公告书指的是公司在发行股票前根据相关法律规定将有关事项公告给公众的信息披露文件，主要内容包括公司概况，股票发行与承销情况，股权结构及大股东持股情况，公司设立及关联交易情况等。

公司需要在股票挂牌交易日之前的 3 日内，于中国证监会指定的报刊上刊登上市公告书，并将公告书备置在公司所在地、挂牌交易的证券交易所、相关证券经营机构等地。公司就自身情况及上市情况向公众进行说明，有助于有投资意向的投资者了解公司相关情况，以便其做出投资决策。

10.3.2　不要碰到 IPO 红线

经常有公司为了能够成功上市选择铤而走险，对自己不满足上市条件的方面进行掩饰和修改，试图浑水摸鱼。但它们往往自食恶果，不仅上市失败，还严重损害了自身的利益和形象。因此，公司绝不能触碰 IPO 红线。常见的 IPO 红线主要有以下几种。

1. 粉饰财务报表

一些公司通过虚增应收账款、调节营业外收入以获取虚假补贴等方式对财务报表进行修改、美化。如果公司存在这些行为，将会在后续的审核过程中面临各种问题，其声誉和形象会受到损害。

例如，某公司在申请上市时对财务报表进行了修改，但上市后不久，投资者质疑其经营业绩和财务情况，对此，中国证监会成立专案组进行调查，最终其粉饰财务报表的事实被公之于众。该公司的管理者得到了相应的惩罚，该公司因此破产倒闭。

总之，公司必须保证财务数据的真实性、全面性，并接受各部门的监管。只有这样，公司才能够顺利上市。

2. 夸大募投项目前景

有些公司会收买调查机构，通过杜撰假的调查报告、虚报市场需求和产品定价等方式制造出募投项目前景大好的假象。一旦触碰到这一红线，公司IPO就可能被否。

某公司就因为夸大募投项目的盈利能力而导致IPO被否。该公司的募投项目总计获得10亿元资金，其中，污水处理项目占用8亿元。但该公司是通过自来水的用水量以及物价部门规定的污水处理费单价来计算污水处理项目能带来的预期收入的。中国证监会质疑该公司污水处理项目的盈利能力，因此否决了其上市申请。最后，该公司经过多次的资料调整和申请，才终于得以挂牌上市。

3. 故设关联交易"迷宫"

这主要是指公司通过与关联公司进行关联交易，以不公允的价格买卖产品，调整收入或支出报表。其中，关联交易非关联化、关联方利益输送等都是公司需要规避的红线。例如，在审核的过程中，中国证监会一般会关注公司交易的程序以及价格。如果与规定情况相去甚远，中国证监会就会认定公司存在关联交易非关联化问题，然后否决其IPO申请。

4. 瞒报内控事故

有些矿产公司为了获得上市资格，瞒报由于工作环境恶劣、无法保障员工安全而出现的重大安全事故；有些零售公司内部管理混乱，缺乏对加盟店的管控能力等。瞒报内控事故，触碰IPO红线，会导致公司上市失败。

5. 隐藏实际控制人

有些公司会进行复杂的股权转让操作、分散设置股权、使董事会极度分权，以此来隐藏公司的实际控制人。这些操作都是公司需要规避的。

中国证监会对公司的主体资格进行重点审查，避免出现公司隐藏实际控制人的情况。中国证监会对公司主体资格的审查主要包含四个方面：公司的历史出资问题、公司的主营业务出现变化、公司的实际控制人有变动、公司管理层出现重大变化。一旦公司存在隐藏实际控制人的情况，就会被判定为主体资格不符合上市要求，中国证监会将否决公司的上市申请。

以上 IPO 红线都是公司需要规避的。IPO 审核流程复杂且耗时较长，如果公司申请 IPO 被否，可能需要等待很长时间才能再次提出申请，这将拖慢公司的发展速度，甚至导致公司错失发展良机。只有规避 IPO 红线，合法合规运营，公司才能获得更大的发展。

10.4　上市公司的五大管理规则

上市公司的五大管理规则分别为：董事会议事规则、股东会议事规则、监事会议事规则、内部控制管理规则和独立董事设置规则。公司管理者了解这些规则，有利于规范公司的法人治理结构，提升公司管理水平，降低经营风险。

10.4.1　董事会议事规则

上市公司的董事会和管理层共同拥有公司的经营权，而董事会的席位也关系到公司的控制权。董事由股东会选举产生。董事会由公司董事组成，对内主管公司的具体事务，对外代表公司进行经营决策。

《公司法》第一百二十条规定："股份有限公司设董事会，本法第一百二十八条另有规定的除外。"

《公司法》第一百二十八条规定："规模较小或者股东人数较少的股份有限公司，可以不设董事会，设一名董事，行使本法规定的董事会的职权。该董事可以兼任公司经理。"

《公司法》第六十八条第一款规定："有限责任公司董事会成员为三人以上，其成员中可以有公司职工代表。职工人数三百人以上的有限责任公司，除依法设监事会并有公司职工代表的外，其董事会成员中应当有公司职工代表。董事会中的职工代表由公司职工通过职工代表大会、职工大会或者其他形式民主选举产生。"

董事会需要设立一名董事长，可以设副董事长。董事长和副董事长需要由全体董事的过半数选举产生。董事的任期不能超过3年，但可以在任期满后连选连任。

董事会是公司的执行机关，负责执行与落实公司的各项事务。《公司法》第六十七条第二款对董事会职权进行了规定："董事会行使下列职权：

（一）召集股东会会议，并向股东会报告工作；

（二）执行股东会的决议；

（三）决定公司的经营计划和投资方案；

（四）制订公司的利润分配方案和弥补亏损方案；

（五）制订公司增加或者减少注册资本以及发行公司债券的方案；

（六）制订公司合并、分立、解散或者变更公司形式的方案；

（七）决定公司内部管理机构的设置；

（八）决定聘任或者解聘公司经理及其报酬事项，并根据经理的提名决定聘任或者解聘公司副经理、财务负责人及其报酬事项；

（九）制定公司的基本管理制度；

（十）公司章程规定或者股东会授予的其他职权。"

上市公司需要根据《公司法》的各项规定，对董事会的行为进行规定，明确董事会议事规则。具体来说，董事会议事规则主要涉及以下几个方面的内容。

1. 召开会议方面

董事会一般由董事长召集并主持，如果董事长不行使或无法行使职权，则由副董事长代行。如果副董事长不行使或无法行使职权，由过半数董事共同推举一名董事行使职权。董事会每年至少召开两次会议，每次会议应于召开10日前通知全体董事和监事。董事会会议通知中应注明会议的时间、地点、议程和出席会议的人员名单等。在通知方式方面，公司可选择邮件、传真、电话等。为确保通知成功，公司可以多种通知方式并行使用。

2. 会议议程方面

董事会会议一般有明确的议题，往往由董事长提出。董事可以针对议题提出相应的意见和建议。在会议决策方面，董事会在进行决策时必须遵循相应的程序，包括听取报告、发表意见、讨论、表决等。决策一般采用投票表决的形式，决策获得过半数以上董事的同意方可生效。

3. 会议记录方面

董事会应将所议事项的决定形成会议记录，出席会议的董事应在会议记录上签名。董事会会议的记录一般由专人负责记录，可以采用录音、笔记、电子纪要等记录方式。会议记录应保存在公司档案中，并根据需要在公司内部公示或通知相关人员。

4. 保密和公开方面

董事会会议讨论的内容属于公司机密，董事、执行人员等对会议内容应当保密。同时，董事会的某些重要决策和信息必须对外公开，董事会应当认真履行信息披露义务，确保信息披露内容真实、准确、完整，以保护投资者利益，维护市场公平，促进公司健康发展。

10.4.2　股东会议事规则

股东会是股份有限公司的权力机构，是上市公司必须具备的机构之一。

《公司法》第一百一十三条规定："股东会应当每年召开一次年会。有下列情形之一的，应当在两个月内召开临时股东会会议：

（一）董事人数不足本法规定人数或者公司章程所定人数的三分之二时；

（二）公司未弥补的亏损达股本总额三分之一时；

（三）单独或者合计持有公司百分之十以上股份的股东请求时；

（四）董事会认为必要时；

（五）监事会提议召开时；

（六）公司章程规定的其他情形。"

股东会会议由董事会召开，董事长主持，如果董事长无法履行或不履行职务，则由副董事长主持；如果副董事长无法履行或不履行职务，则需要由半数以上的董事共同推举出一名董事来主持会议。当以上人员都无法履行职务时，由监事会召集和主持会议。若监事会不履行职务，由连续90日以上单独或者合计持有10%以上股权的股东自行召集和主持会议。

股东会会议召开的时间、频率相对固定。一般情况下，每年召开一次股东会会议，时间往往在上一会计年度结束后6个月以内。召开股东会会议时，股东需要听取过去一年公司的业绩情况报告，并对公司未来发展提出意见。

召开股东会会议的决定应该提前20日通知全体股东，临时股东会会议应提前15日通知全体股东。股东会会议的内容应该被记录下来并存档，会议记录需要由主持人、出席会议的董事签名。

股东所持的每一份股份有一份表决权，类别股股东除外。如果股东会会议上提出了修改公司章程或公司合并、分立、变更公司形式的决议，必须经出席会议的、代表三分之二以上表决权的股东表决通过。

在明确股东会职权方面，公司需要遵守《公司法》的规定。《公司法》第五十九条第一款、第二款规定："股东会行使下列职权：

（一）选举和更换董事、监事，决定有关董事、监事的报酬事项；

（二）审议批准董事会的报告；

（三）审议批准监事会的报告；

（四）审议批准公司的利润分配方案和弥补亏损方案；

（五）对公司增加或者减少注册资本作出决议；

（六）对发行公司债券作出决议；

（七）对公司合并、分立、解散、清算或者变更公司形式作出决议；

（八）修改公司章程；

（九）公司章程规定的其他职权。

股东会可以授权董事会对发行公司债券作出决议。"

总之，上市公司的股东会议事规则需要遵守《公司法》的规定。如果公司章程有特殊规定，则以公司章程为准。

10.4.3　监事会议事规则

监事会是监督董事会以及总经理行政管理系统的内部组织，由股东会选举和公司职工民主选举的监事共同组成，与董事会并列设置。

《公司法》对监事会的设置做出了明确规定。《公司法》第一百三十条规定："股份有限公司设监事会，本法第一百二十一条第一款、第一百三十三条另有规定的除外。

监事会成员为三人以上。监事会成员应当包括股东代表和适当比例的公司职工代表，其中职工代表的比例不得低于三分之一，具体比例由公司章程规定。监事会中的职工代表由公司职工通过职工代表大会、职工大会或者其他形式民主选举产生。

监事会设主席一人，可以设副主席。监事会主席和副主席由全体监事过半数选举产生。监事会主席召集和主持监事会会议；监事会主席不能履行职务或者不履行职务的，由监事会副主席召集和主持监事会会议；监事会副主席不能履行职务或者不履行职务的，由过半数的监事共同推举一名监事召集和主持监事会会议。

董事、高级管理人员不得兼任监事。

本法第七十七条关于有限责任公司监事任期的规定，适用于股份有限公司监事。"

《公司法》第一百二十一条第一款规定："股份有限公司可以按照公司章程的规定在董事会中设置由董事组成的审计委员会，行使本法规定的监事会的职权，不设监事会或者监事。"

《公司法》第一百三十三条规定："规模较小或者股东人数较少的股份有限公司，可以不设监事会，设一名监事，行使本法规定的监事会的职权。"

《公司法》第七十七条第一款规定："监事的任期每届为三年。监事任期届满，连选可以连任。"

对于监事会的职权，《公司法》第七十八条作出了规定："监事会行使下列职权：

（一）检查公司财务；

（二）对董事、高级管理人员执行职务的行为进行监督，对违反法律、行政法规、公司章程或者股东会决议的董事、高级管理人员提出解任的建议；

（三）当董事、高级管理人员的行为损害公司的利益时，要求董事、高级管理人员予以纠正；

（四）提议召开临时股东会会议，在董事会不履行本法规定的召集和主持股东会会议职责时召集和主持股东会会议；

（五）向股东会会议提出提案；

（六）依照本法第一百八十九条的规定，对董事、高级管理人员提起诉讼；

（七）公司章程规定的其他职权。"

在会议召开方面，监事会每六个月至少召开一次会议，同时，监事也可以提议召开临时监事会会议。监事会上的决议应该经半数以上的监事表决通过，同时要将监事会的决议整理成会议记录，由出席会议的监事在会议记录上签名。

下面是一份监事会决议模板，供大家参考。

监事会决议

监事会会议时间：20××年××月××日

监事会会议地点：××市××区××路××号（××会议室）

监事会会议性质：第一届监事会会议

监事会出席会议人员：（三分之二以上的监事）

根据《中华人民共和国公司法》规定，××股份有限公司召开首届监事会会议。首次股东会选举产生的监事××、××、××和职工民主选举产生的监事××、××出席本次监事会会议，会议由××召集和主持，一致通过如下决议：

选举××为首届监事会主席。

××股份有限公司全体监事（签章）：

20××年××月××日

10.4.4　内部控制管理规则

为了保障公司的战略目标顺利实现，上市公司需要针对公司经营过程中可能出现的风险制定相应的制度，即上市公司内部控制管理规则。表10-2 给出了一些关于内部控制的定义，通过了解这些定义，公司管理者可以加深对内部控制管理的理解。

表 10-2　上市公司内部控制的相关定义

法律法规	法律法规中有关内容控制的定义
《企业内部控制基本规范》	本规范所称内部控制，是指由企业董事会、监事会、经理层和全体员工实施的、旨在实现控制目标的过程
《上海证券交易所上市公司内部控制指引》	内部控制是指上市公司为了保证公司战略目标的实现，而对公司战略制定和经营活动中存在的风险管理的相关制度安排。它是由公司董事会、管理层及全体员工共同参与的一项活动
《深圳证券交易所上市公司内部控制指引》	本指引所称内部控制是指上市公司董事会、监事会高级管理人员及其他有关人员为实现下列目标而提供合理保证的过程： （一）遵守国家法律、法规、规章及其他相关规定； （二）提高公司经营的效益及效率； （三）保障公司资产的安全； （四）确保公司信息披露的真实、准确、完整和公平

在深刻理解内部控制的基础上，公司可以制定完善的内部控制管理规则。内部控制管理规则主要包括以下几个方面的内容。

第一，明确公司内部控制的目标，如保证公司经营合法合规、保证资产安全、保证财务报告内容的真实性和完整性等。

第二，明确内部控制遵循的原则。内部控制原则主要有以下几个。

（1）全面性原则：内部控制必须贯穿决策、执行和监督的全过程，涉及公司及其所属单位的全部业务和事项。

（2）重要性原则：内部控制必须关注重要的业务事项以及高风险的领域。

（3）制衡性原则：内部控制要在公司治理结构、权责分配、业务流程等方面实现相互制约、相互监督，同时兼顾运营效率。

（4）适应性原则：内部控制要与公司规模、业务范围、竞争状况、风险水平等相适应，还要随着外界情况的变化随时进行调整。

第三，明确公司各层级的职责分工。例如，公司经理负责推动内部控制体系的建立以及各项事务的实施，监事对内部控制体系的建立和实施进行监督。同时，公司还可以成立内部控制领导小组，使其成为内部控制体系建设和实施的日常机构。

第四，通过日常监督和专项监督两种方法实现公司内部的监督控制。其中，日常监督指的是对公司日常经营活动的常规、持续的监督。专项监督指的是在公司战略、组织结构、业务流程等发生变化的情况下，公司对某一部分工作进行的针对性的监督。

第五，制定完善的奖惩机制。公司可以将内部控制工作纳入绩效考核范围，建立相关工作考核机制。例如，因为相关人员的内部控制工作执行不到位，给公司造成严重损失，就要按奖惩规定追究其责任。同时，公司也需要对在内部控制工作中表现突出的员工进行奖励。

10.4.5 独立董事设置规则

独立董事指的是独立于公司股东，不在公司中任职，与公司及公司管理者没有业务联系，可以独立对公司事务做出判断的董事。上市公司设立独立董事，可以为公司决策提供支持，更好地保护股东利益。

上市公司需要制定完善的独立董事设置规则。在这一过程中，公司需要遵循相关法律规定。

1. 公司需要选择什么样的人作为独立董事

中国证券监督管理委员会发布的《上市公司独立董事规则》第九条规定担任独立董事需要满足以下条件：

（一）根据法律、行政法规及其他有关规定，具备担任上市公司董事的资格；

（二）具有本规则所要求的独立性；

（三）具备上市公司运作的基本知识，熟悉相关法律、行政法规、规章及规则；

（四）具有五年以上法律、经济或者其他履行独立董事职责所必需的工作经验；

（五）法律法规、公司章程规定的其他条件。

独立董事及拟担任独立董事的人士应当依照规定参加中国证监会及其授权机构所组织的培训。

通常来说，能够满足以上条件担任上市公司独立董事的人大多为专家学者、离任总裁等。他们具有丰富的经验和开阔的眼界，能够为公司的发展提出实用的建议，帮助公司审时度势，有效地利用市场环境。

2. 独立董事的权利和义务是什么

《上市公司独立董事规则》对独立董事的权利与义务做出以下规定。

第二十二条规定："为了充分发挥独立董事的作用，独立董事除应当具有《公司法》和其他相关法律、法规赋予董事的职权外，上市公司还应当赋予独立董事以下特别职权：

（一）重大关联交易（指上市公司拟与关联人达成的总额高于 300 万元或高于上市公司最近经审计净资产值的 5% 的关联交易）应由独立董事事前认可；独立董事作出判断前，可以聘请中介机构出具独立财务顾问报告，作为其判断的依据；

（二）向董事会提议聘用或解聘会计师事务所；

（三）向董事会提请召开临时股东大会；

（四）提议召开董事会；

（五）在股东大会召开前公开向股东征集投票权；

（六）独立聘请外部审计机构和咨询机构，对公司的具体事项进行审计和咨询；

独立董事行使前款第（一）项至第（五）项职权，应当取得全体独立董事的二分之一以上同意；行使前款第（六）项职权，应当经全体独立董事同意。

第（一）（二）项事项应由二分之一以上独立董事同意后，方可提交董事会讨论。

如本条第一款所列提议未被采纳或上述职权不能正常行使，上市公司应将有关情况予以披露。

法律、行政法规及中国证监会另有规定的，从其规定。"

第二十三条规定："独立董事应当对以下事项向董事会或股东大会发表独立意见：

（一）提名、任免董事；

（二）聘任或解聘高级管理人员；

（三）公司董事、高级管理人员的薪酬；

（四）上市公司的股东、实际控制人及其关联企业对上市公司现有或新发生的总额高于三百万元或高于上市公司最近经审计净资产值的百分之五的借款或其他资金往来，以及公司是否采取有效措施回收欠款；

（五）独立董事认为可能损害中小股东权益的事项；

（六）法律、行政法规、中国证监会和公司章程规定的其他事项。

独立董事应当就前款事项发表以下几类意见之一：同意；保留意见及其理由；反对意见及其理由；无法发表意见及其障碍。

如本条第一款有关事项属于需要披露的事项，上市公司应当将独立董事的意见予以公告，独立董事出现意见分歧无法达成一致时，董事会应将各独立董事的意见分别披露。"

独立董事拥有诸多职权，这使得其可以深入参与到公司管理工作中，充分发挥以下作用。

（1）监管作用：独立董事可以对公司财务、业务等进行监督和检查，保障公司的合法权益。

（2）咨询作用：独立董事可以对公司决策提出专业的意见和建议，为公司经营和可持续发展提供支持。

上市公司可以根据以上相关法律规定，明确独立董事的选拔标准、拥有的职权等，选择合适的独立董事。

10.5 上市公司治理，规避上市风险

公司上市后，将会面临新的风险，如遭遇风险警示、遭遇停牌、被终止上市等。对此，公司需要了解这些风险，并积极应对。

10.5.1 风险警示

如果公司出现异常状况，使得其股票存在被终止上市风险，证券交易

所就会对该公司的股票交易进行风险警示。

以上海证券交易所为例，依据《上海证券交易所股票上市规则》的规定，风险警示分为两类，包括警示存在强制终止上市风险的风险警示（以下简称"退市风险警市"）、警示存在其他重大风险的其他风险警示。如果公司被实施退市风险警示，则其股票简称前会显示"*ST"字样；如果公司被实施其他风险警示，则其股票简称前会显示"ST"字样。

强制退市分为交易类、财务类、规范类和重大违法类四类情形。以财务类强制退市为例，当上市公司出现以下情形之一，上海证券交易所会对其股票实施退市风险警示：

（一）最近一个会计年度经审计的净利润为负值且营业收入低于1亿元，或追溯重述后最近一个会计年度净利润为负值且营业收入低于1亿元；

（二）最近一个会计年度经审计的期末净资产为负值，或追溯重述后最近一个会计年度期末净资产为负值；

（三）最近一个会计年度的财务会计报告被出具无法表示意见或否定意见的审计报告；

（四）中国证监会行政处罚决定书表明公司已披露的最近一个会计年度经审计的年度报告存在虚假记载、误导性陈述或者重大遗漏，导致该年度相关财务指标实际已触及第（一）项、第（二）项情形的；

（五）本所认定的其他情形。

10.5.2　停牌与复牌

停牌指的是公司的股票在证券交易所被暂停交易。如果公司的股票出现持续上涨或下跌的异常情况，证券交易所就会暂停这只股票的交易，待查明原因后再恢复其交易。

哪些原因会导致公司股票停牌？停牌可能是多种原因导致的，主要有以下几种。

（1）公司发布重大事项，如召开股东会会议、资产重组、业绩披露、收购兼并等。

（2）公司被证券监管机构询问、就重大问题进行公告。

（3）公司股票出现异常波动。

（4）公司出现涉嫌违规情况，如违规交易、业绩报告造假等。

公司可以主动申请停牌，也可能会因触及重大风险事项被强制停牌。当公司进行资产重组、破产重组、控制权变更时，需要主动申请停牌；当公司未在规定期内整改、交易出现严重异常、涉嫌重大违规时，会被强制停牌。

停牌之后，公司可以申请复牌。其中，停牌的时间长短需要根据不同股票的停牌原因进行具体分析。如果是公司发生重组、被收购等重大事项，可能会停牌半年以上；如果是发布业绩公告常规事项，停牌时间通常为几天；如果是股票异常波动，停牌时间可能是一天或几个小时。停牌期满后，经过停牌审核程序，获得复牌许可后，股票即可复牌。

公司在停牌方面应遵循少停、短停的原则，否则可能会因为申请停牌不谨慎、滥用停牌等，受到证券交易所的监管或处分。此外，即使是在停牌期间，公司也需要按规定及时进行信息披露，避免因信息披露不及时而遭受处罚。

10.5.3 终止上市和重新上市

公司停牌后，也可能会走向终止上市。终止上市有两种情形：一种是公司因为各种原因被强制终止上市，另一种是公司主动申请终止上市。

一般来说，公司被强制终止上市的原因可能有：公司信息披露存在重大违法违规行为；资产持续减少导致公司难以正常经营，丧失持续经营能力；股票交易量、股票收盘价、市值等低于规定指标。

除了被强制终止上市外，公司也可以主动申请终止上市。在出现以下几种情形时，公司可以主动申请终止上市。

（1）公司经营不善导致股价长期低迷时。

（2）公司因新设合并或者吸收合并，不再具有独立主体资格并被注销。

（3）公司股东会做出决议主动撤回其股票在证券交易所的交易。

（4）公司向所有股东发出回购股份要约、股东向其他股东发出收购要约、其他收购人向股东发出收购要约等，导致公司股权结构发生变化，不再具备上市条件。

终止上市后，公司也可以重新上市。要想重新上市，公司需要达到证券交易所规定的关于重新上市的要求。

以深圳证券交易所为例，根据《深圳证券交易所股票上市规则》，上市公司在其股票终止上市后，其终止上市情形已消除，且满足以下条件的，可以重新申请上市。

（一）符合《中华人民共和国证券法》（以下简称《证券法》）、中国证监会规定的发行条件。

（二）公司股本总额不低于5000万元。

（三）社会公众持有的股份占公司股份总数的比例为25%以上；公司股本总额超过4亿元的，社会公众持有的股份占公司股份总数的比例为10%以上。

（四）市值及财务指标符合本规则第三章第一节规定的相应标准。

（五）公司董事、监事、高级管理人员具备法律法规、本所有关规定及公司章程规定的任职条件，且不存在影响其任职的情形。

（六）本所要求的其他条件。

《深圳证券交易所股票上市规则》第三章第一节中对公司上市的市值及财务指标的规定为："境内企业申请在本所上市，市值及财务指标应当至少符合下列标准中的一项：

（一）最近三年净利润均为正，且最近三年净利润累计不低于1.5亿元，最近一年净利润不低于6000万元，最近三年经营活动产生的现金流量净额累计不低于1亿元或者营业收入累计不低于10亿元；

（二）预计市值不低于50亿元，且最近一年净利润为正，最近一年营业收入不低于6亿元，最近三年经营活动产生的现金流量净额累计不低于1.5亿元；

（三）预计市值不低于80亿元，且最近一年净利润为正，最近一年营业收入不低于8亿元。"

第 11 章

市值管理：
有市值才能引爆市场

市值管理是公司根据市值变动的信号，通过采取各种合规、有效的价值经营手段，以实现公司价值创造最大化、价值经营与价值实现最优化的战略性管理行为。在市值管理的过程中，价值创造是基础，价值经营是杠杆，价值实现是手段。

11.1　市值影响行业地位

在市场竞争中，行业地位高的公司能够获得更多的资源和更加广阔的发展空间。而公司的行业地位受市值的影响，市值越高，公司的行业地位也就越高。

11.1.1　市值双公式与三理论

市值理论的两大重点是双公式和三理论。双公式指的是市值的两种计算公式：市值＝税后净利润 × 市盈率；市值＝股价 × 股本。三理论指的是产融互动理论、经营体系理论和价值体系理论。只有对双公式和三理论的相关内容进行深入了解，公司管理者才能更好地理解市值的概念，更好地开展市值管理工作。

1. 双公式

市值是衡量公司经营状况的一个重要指标，能够通过公式计算出准确的数值。市值的计算公式有两个。

（1）市值＝税后净利润 × 市盈率。影响公司市值的变量有两个：一个是公司自身的盈利能力，另一个是资本市场赋予公司的估值。前者以税后净利润为代表，后者以市盈率为代表。这个公式可以体现出投资的核心和精髓，投资者能够随着公司市场价值的增加获得更多收益，也会因市场价值的降低遭受相应的损失。

（2）市值＝股价 × 股本。在资本市场中，公司对外发行的股票总数即为总股本，总股本往往不会在短期内出现变动。因此，该计算公式所表现的其实是股价的变化。

2. 三理论

（1）产融互动理论：产业市场与资本市场互动与循环，两者相互促进、循环借力。公司的经营管理一定会涉及产业市场和资本市场。产业市场以创造利润为目标，而资本市场以提高市值为目标。二者是相辅相成的关系，不可分割。但在实际的经营管理中，大多数公司更注重产业市场，能够综合考虑两种市场的公司屈指可数。例如，很多公司的营销部门更多地考虑利润问题，却忽略了市值管理。

从整体上看，我们不能简单地把公司市值的增长看成单线条的增长，它是"业务＋资本"的双轮驱动式增长，是一个立体螺旋式上升的过程。产融互动是市值管理的核心，公司产融互动的模式如图 11-1 所示。

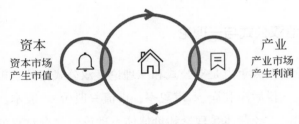

图 11-1　公司产融互动模式

公司管理者需要同时具备资本思维和产业思维，并能够使它们融合，实现产融互动。公司管理者必须意识到，从公司核心竞争力和股东财富的层面来看，公司市值才是终极目标，利润只是过渡性的指标。公司的利润可以直接影响公司的市值，反过来公司的市值也会对公司的利润和长远发展产生影响。

（2）经营体系理论：从宏观角度加强经营管理。产业是市值管理的"底盘"，想要拥有高市值，公司需要提升其在产业市场的核心竞争力，从宏观的角度加强对公司的经营管理。衡量公司核心竞争力的重要指标有五项：产业布局、核心能力、管理团队、盈余管理、商业模式。在进行市值管理时，公司要对产业市场的影响因素做出优化调整，以实现预期的目标。

资本市场也有五个主要的影响因素：股市周期、主题管理、4R（Investor Relations，IR，投资者关系；Analyst Relations，AR，券商分析师关系；Media Relations，MR，媒体关系；Regulator Relations，RR，监管机构关系）管理能力、送转能力、股权架构。公司需要根据自身的实际情况随时做出调整，使自身的能力可以满足产业市场和资本市场的要求。

（3）价值体系理论：不要忽视价值波动规律。如果公司想要增强自身在产业市场和资本市场中的竞争力，实现可持续发展，就必须时刻关注自身市值的波动，建立一套成熟的价值体系，重视价值波动规律。

如果公司的市值高于其内在价值，公司就可以进行减持、增发或换股并购等资本运作，以提升市场竞争力。这些经营动作能够帮助公司以更低的成本融资，公司可以通过股权溢价转让的方式获得其他公司的资产或股权，进一步提升自己的核心竞争力。

通过掌握这三个理论，公司可以更好地适应市场的波动，并在不断变化中发现机遇，实现效益持续增长和长远发展。

11.1.2　二八法则：行业第一的利润更丰厚

二八法则也称帕累托法则，由经济学家帕累托最早提出。他认为，在任何事物中，能起到关键性或决定性作用的因素只占20%，其余80%的因素起到非决定性的作用。因此，这一理论被称为二八法则。

二八法则的应用十分广泛，尤其是在公司管理方面。很多大公司都运用二八法则进行管理。

通用电气公司会给予绩效第一名的员工最丰厚的奖励，以提升员工的工作积极性和工作效率。摩托罗拉则把关注的重点放在员工群体的前25%和后25%：积极鼓励前25%的员工，采取激励措施让他们对工作保持热情；为后25%的员工提供发展和进步的机会。

二八法则同样适用于商业竞争。具体表现为，排在行业的前列，公司就能获得更多的利润。因为排名靠前的公司可以获得更多的发展资源，更容易在行业竞争中占据绝对的优势地位。

在消费者看来，行业领先的公司一定是行业中名气最大的公司。这类公司不需要进行太多的广告营销，消费者就会自发地选择购买其产品。而在公司看来，竞争优势的不断积累，会在公司发展的过程中形成一种良性循环。

2022年，上市公司百强排行榜中前500强公司创造出的利润超过6万亿元，而排在榜首的公司的利润突破了4000亿元，由此更能够体现出行业前列公司强大的盈利能力和竞争力。

11.1.3 苹果公司："占领"手机行业大部分利润

在发展过程中，苹果公司一直在行业中占据绝对的领先地位，是世界范围内的智能手机巨头公司。苹果公司的利润几乎占据了整个行业的80%。最近几年，消费市场不断升级，智能手机越来越普遍，智能手机市场呈现爆发式增长。

苹果公司的高市场占有率是多种因素共同作用的结果。

首先，史蒂夫·乔布斯作为苹果公司的创始人，始终坚持美学至上的原则，追求极致美感与先进技术的深度融合，因此苹果手机外观极具美感。与此同时，苹果手机的应用界面十分简洁、明了，致力于为用户提供舒适的使用体验。

此外，苹果手机具备一套完善的售后服务体系，能够及时、高效地处理用户在使用过程中出现的问题，保证用户能够买得安心、用得放心。

目前，市场上各种智能手机的功能逐渐完备，但很多消费者更青睐苹果手机，原因就在于其拥有极具美感的外观、简洁舒适的软件体验和及时高效的售后服务。

其次，苹果手机与其他智能手机之间最大的不同就在于，它使用的系统是苹果公司自主研发的iOS系统。无论是在软件的安全性、使用的流畅度上，还是在界面、外观上，这个系统都具有非常大的优势。

除了软件系统具有优势以外，苹果手机在CPU（Central Processing Unit，中央处理器）和GPU（Graphics Processing Unit，图形处理器）硬件上的表现也十分突出。由于苹果公司一直以来专注于研发同一款机型的硬件，形成了独特的iOS生态，因此技术开发人员只需要对硬件进行最大程度的优化，而不用考虑是否兼容的问题。苹果公司对核心技术的开发与掌握是它能够一直占据行业领先地位的原因之一。

最后，产品的广告营销是影响其销售利润的关键因素。苹果公司十分重视营销领域的业务布局，每年都会在秋季推出新机型，并举办新品发布会，为新产品营造神秘感，引起消费者的期待。苹果公司还会为新产品拍摄优质的广告宣传片，并在全世界进行推广。广告宣传片的题材和形式多种多样，将产品的特性与日常生活场景融合，吸引了大量消费者的关注。

此外，苹果公司始终坚持打造独特的产品生态。其旗下的智能产品均搭载了 iOS 系统，能够与苹果手机连接，形成了独特的产品生态。苹果公司通过打造产品生态，使设备之间、人与设备之间以及人与人之间的互动更加高效，提升用户对品牌的忠诚度，以此获得长期、稳定的收益。

由于苹果手机具有众多优势，因此能够始终站在智能手机行业的金字塔尖屹立不倒。苹果手机在行业中的龙头地位不断为其积累品牌优势，有力地保障了苹果公司能够在行业内部占据更多的利润。

当前，苹果公司已经家喻户晓，其品牌已然成为最大的"广告牌"，甚至无须进行广告营销，消费者就会自发购买。苹果公司在发展的过程中积累了一批忠实的"果粉"，他们会在苹果公司推出新产品时积极抢购。

乔布斯曾经表示，实际上，消费者自己也不知道他们究竟需要什么，因此公司只要把产品做好就够了。行业领先的地位使苹果公司不会受市场的牵制，反而能够引导市场。掌握市场，就掌握了销量，苹果公司因此获得了巨大优势，成为行业的"领跑者"。

11.2　市值管理八大构成因素

市值管理的八大构成因素分别为上市地点 M（Market）、所处行业 S（Sector）、经营业绩 OP（Operational Performance）、品牌溢价 RP（Reputation Premium）、投资者关系 IR（Investor Relationship）、资本结构 CS（Capital Structure）、公司治理 CG（Corporate Governance）、公司重组 CR（Corporate Restructure）。这八个因素会影响市场价值，用函数模型表达这一关系即为

P=f（M；S；OP；RP；IR；CS；CG；CR）［此为一个函数模型。其中，P（Price）代表股票市值；f（Function）代表函数关系。表示上市地点 M、所处行业 S、经营业绩 OP、品牌溢价 RP、投资者关系 IR、资本结构 CS、公司治理 CG 和公司重组 CR 等因素与股票市值 P 之间的关联关系］。

11.2.1　因素 1：上市地点 M

选择上市地点是一家公司决定上市后必须面临的问题。全世界有多种多样的交易所可供不同行业和不同融资需求的公司选择。上市地点的选择对公司来说十分重要，选择不同的资本市场会对公司后续发展产生不一样的影响。从外部因素来看，上市地点主要在以下三个方面对公司的市值管理产生影响。

1. 估值水平

公司上市时一次性能募集多少资金取决于公司的估值水平。受国内监管环境、资金环境、投资者等多种因素的影响，A 股市场的估值水平整体高于国际市场，并将在短期内继续保持这一优势。由于国内市场的估值水平整体偏高，因此公司的规模越大，其海内外市场的估值差距就越小。一些大型公司反而在海外市场能够获得更高的估值。

A 股市场长期存在着偏好炒作小股盘的风气，因此，中小板以及创业板中的一些小公司估值偏高。而新能源、品牌消费、医药医疗等成长性较高的新兴行业中的公司在海外市场更容易获得较高的估值。

2. 上市成本

上市成本包括上市费用和上市时间。相比而言，国内的中介机构收费较低，与其他因素相比，上市费用对公司市值管理造成的影响较小，可以最后再考虑这一点。

3. 上市后的便利性

上市除了可以使公司顺利融资，还可以为公司获取长期发展资金提供平台。不同的上市地点能够给公司提供不同的平台，助力公司进行长期资本运作。从股权并购、股东变现和再融资三个角度进行分析，我们可以发现，公司上市后的便利性受海内外资本市场影响的原因在于，相较于境外资本市场，境内资本市场对监管机构的审批流程更加重视，这一步需要花费更长的时间。

总而言之，公司需要结合自身的实际情况，提前做好上市后的发展规划，选择合适的上市地点。

11.2.2 因素2：所处行业S

公司的市值会因为所处行业的不同而存在差异，这不仅体现在不同行业的竞争态势和发展环境不同，还体现在同一行业内，不同公司的市场地位不同，市值也不同。而且，同一行业内不同公司之间的战略定位不同，对投资者产生的吸引力也不同。

行业所处生命周期的阶段也会影响公司的市值。公司可以根据行业销售增长率判断行业处于生命周期的哪一个阶段，从而预测行业的估值。事实证明，处于成长期的行业对公司发展更有利，处于衰退期的行业，整体的发展态势较差，会使公司的估值水平降低。

此外，还有一个对公司市值产生重要影响的因素是行业地位。如果一家公司能够在所处行业中占据领先地位，那么只要选择了正确的战略定位，它就会拥有高于行业平均水平的市盈率。

正确的战略选择既有助于维持公司的长期绩效增长，还能有效降低市场波动对公司的影响，帮助公司降低经营发展的风险，保持现金流的稳定和可持续性，进而推动公司的市值在资本市场中稳定增长。

11.2.3 因素3：经营业绩OP

经营业绩可以从多个方面对公司市值产生影响。从经营指标上看，有动态经营指标和静态经营指标两种。

动态经营指标对市值产生的影响主要体现在以下三个方面：

（1）公司产品销售额的增长率与市值呈显著的正相关。

（2）公司所处行业的毛利率变化，与行业平均市值变化呈显著的正相关。

（3）公司的毛利率变化趋势与其股价的走势相同。

静态经营指标对市值产生的影响主要体现在以下三个方面：

（1）公司每股股票的收益在一定程度上与其市值呈正相关。

（2）公司的净资产收益率在一定程度上与其市值呈负相关。

（3）公司的资产报酬率在一定程度上与其市值呈正相关。

从股利政策上看，公司市值的提高还受到公积金转增股本或高比例送红股政策的积极影响。公司要以实现自身价值最大化为目的，综合考虑法律、变现能力、资本成本和资金需求等多种因素，制定出适合自身的、合理的股利政策。

此外，还有一些对公司市值产生负面影响的因素，如资本支出、股权融资等。除了一些特殊的新兴行业中的公司，投资者更喜欢投资资本支出较少的公司。虽然股权融资可能导致公司的市值降低，但再融资会提高公司每股股票的收益，在一定程度上会提升公司的市值。

11.2.4　因素 4：品牌溢价 RP

品牌溢价即品牌的附加值，表现为公司的市盈率明显高于行业平均水平、过去一年的股价涨幅明显高于行业平均涨幅。无论哪种资本市场，都存在品牌溢价现象。在一个行业内，如果公司拥有较高的品牌知名度，就能拥有明显高于行业平均水平的市盈率。

如今，我国证券资本市场逐渐发展成熟，股票供应量增加，众多上市公司、个体投资者或机构投资者纷纷进入市场。

不同于通常意义下的品牌价值，资本市场中的品牌价值指的是公司资本品牌的盈亏表现，主要受认同度、认知度、透明度、规范度、成长性等因素的影响。投资者对公司资本品牌价值的认知作用大于公司的市值管理，资本品牌价值成为影响公司市值管理的一个重要因素。

公司需要将资本品牌价值转化为股东价值，这样才能真正意义上实现收益增长。公司需要依靠良好的管理不断提高自身资本品牌的价值，获得资本品牌溢价产生的收益。公司拥有更高的资本品牌价值，就会相应的获得更高的品牌溢价能力，进而实现更高效、更有效的市值管理。

投资者在选择目标公司的过程中，会对拥有高于行业平均水平的市盈率以及高知名度的公司格外关注。这能够提升投资者对公司股票的认可度，投资者可能会大量购入公司股票，公司上市融资的成本因此降低，得以实现良性发展。

总而言之，资本品牌价值，尤其是品牌溢价，在衡量公司市值方面具有重要作用，对公司的市值管理产生重要的影响。

11.2.5　因素 5：投资者关系 IR

投资者关系管理是市值管理的一个重要组成部分，这一部分管理水平的高低，与公司市值的高低呈显著的正相关。公司在投资者关系方面的管理水平越高，投资者就有更大意愿为其支付溢价。

投资者关系管理指的是公司对自身和投资者之间的关系进行管理。具体来说，就是公司可以通过各种公开的渠道和方式，与投资者建立互动互信、互联互通的关系，从而在投资者心中树立良好的形象，取得投资者的信任，提高投资者对公司的认同度和忠诚度，以推动公司的价值增长。

公司进行投资者关系管理需要进行合理且充分的信息披露。这可以帮助投资者了解公司的品牌信息、经营状况和发展战略等，有助于投资者和公司之间建立更加紧密的联系，从而提高投资者的投资意愿。

进行投资者关系管理的方法很多，如路演。借助路演，公司可以向投资者展示自身的投资价值，增进与投资者的关系。金龙汽车公司在非公开发行期间，采取拜访机构投资者，召开业绩交流会、媒体访谈会，邀请各大基金公司到公司进行实地考察等方式与投资者建立良好的关系，向投资者展示自身的投资价值。金龙汽车因此受到了海内外多位著名投资者的青睐，公司的市值大幅提高。

11.2.6　因素 6：资本结构 CS

公司的资本结构其实就是公司的资产中权益和负债的构成比例。公司的资本结构与市值密切相关，适当的负债在一定程度上可以提高公司的市值。公司的资本结构主要受股权架构、公司规模、行业特性等因素的影响。

优化公司的资本结构，简单来说，就是要合理配置公司的资源，从而改善公司的经营状况。一般情况下，最佳的公司资本结构应该是股权与债权并行、长期债券与短期债券并行，以实现公司收益最大化。

公司的资本结构能够反映出公司所具备的偿债能力和再融资能力，以及当前的财务状况和未来的盈利能力。合理的资本结构能够充分发挥财务杠杆的作用，既能减轻公司的财务负担，又能降低公司融资的成本，使公司拥有更高的资金收益率。同时，合理的资本结构还能提高公司的价值，从而推动公司战略目标实现。

公司需要根据自身资金运转的实际情况以及市场环境等客观因素，对生产要素进行优化配置，使资本结构更加合理，以提高自身对可支配资源的利用效率，实现资本价值最大化。

11.2.7 因素 7：公司治理 CG

世界银行前行长吉姆·沃尔芬森曾表示："对世界经济而言，完善的公司治理机制将像健全的国家治理一样至关重要。"这句话充分体现出公司治理的重要意义。

相关调查研究显示，大部分投资者更倾向于投资治理结构良好的公司。拥有完善的治理体系，公司才能实现稳定、可持续发展，才能给股东带来更多价值。

公司治理的关键在于是否建立了有效且独立的董事会。通常董事会的治理情况与公司的价值呈正相关。此外，公司中独立董事的比例，与公司的价值也呈正相关。

公司治理可以通过股权激励来进行，股权激励与公司价值增长密切相关。公司可以通过股权激励将一定的股权分配给管理层，充分激发他们的工作热情，挖掘他们的潜力，促使他们更好地为公司创造价值。股权激励还能够激励某些特定的股东，便于投资者明确公司未来几年的业绩预期，从而增强投资者的信心，进一步提升公司的市场价值。

11.2.8　因素 8：公司重组 CR

大多数情况下的公司重组实际上是公司之间各类生产要素的合并重组，公司之间通过这种方式实现优势互补，以获得长期发展的能力与持续性融资能力。公司之间的并购重组通常会引发经营管理发生重大变革，而且，当公司或行业的投资价值提升时，股价一定会随之上涨。

首先，无论是何种方式的并购重组，都会重构公司传统的产业链，实现上下游生产要素的重新配置，使垂直产业链的上下游之间以及行业内各公司之间的协同效应得到增强。这种协同效应主要体现在淘汰低效产能，以及合作各方不同资源禀赋的互补上。

其次，并购重组可以扩大公司规模，在此基础上形成规模经济，使生产要素可以得到更加合理的配置。公司能更高效地完成制造端提出的任务，实现投融资水平、管理能力和内部控制力的整合、增强，从低附加值环节向高附加值环节转型。

最后，从宏观经济层面上看，在当前产业结构调整和经济转型的时代背景下，并购重组能够加快新兴产业的发展，促进行业振兴，进而推动整个资本市场的发展。

具体到公司的发展战略上，控制权变更、股份回购、资产置换等手段，都会在一定程度上给公司的市值带来积极影响。

11.3　管理好市值才能有高回报

做好市值管理，公司才能获得更多回报。公司进行市值管理时，不仅要了解股价理论，明确供需关系对公司股价的影响，还要精准判断宏观经济形势，及时抓住发展机遇，充分抓住利好性政策，实现市值快速增长。

11.3.1　股价理论：供需决定股价

股价取决于供需关系，如果资本市场中发行的股票数量小于市场的需求，股价就会相应地上涨；反之，股价则相应地下降。如果市场中的资金与股票流动性较强，那么股票市场会朝好的方向发展；反之，就会出现股票市场发展低迷、股价降低的情况。

公司的价值以及股票的价值不是一成不变的，处于生命周期不同阶段、在发展的过程中遇到强大的竞争对手、核心管理层出现巨大变动、行业发展环境变化等因素，都会影响公司的价值和股票的价值。

资本市场中的供需关系除了能够决定股价外，还能决定公司的价值。在市场火热、资金流量巨大时发展起来的行业，越有可能在"泡沫"破灭后丧失发展的基础。资本市场中经常出现资金链断裂导致公司破产的现象，这正体现了公司的价值是由供需关系决定的。

公司管理者需要关注资本市场中供需关系的变化，深入剖析市场"泡沫"背后的真实原因，谨慎做出业务调整、扩张等决策，避免因为被虚假的供需关系所迷惑而做出错误的经营决策，影响公司的稳健发展。

11.3.2 精准判断宏观经济形势

在经济迅速发展的当下，股市的动态变化能够反映出宏观经济形势的变化。证券市场有着"经济晴雨表"之称，是宏观经济的先行指标，任何宏观经济形势的变化，都会对证券市场的趋势产生影响。因此，宏观经济走向对证券市场的长期趋势有着深远的影响。

宏观经济形势主要在以下几个方面对证券市场产生影响。

第一，公司的经济效益。宏观经济形势的变化对公司的生存与发展产生重要影响。通常情况下，当宏观经济向好发展时，公司的市场发展空间更加广阔，盈利水平会得到提升。此时，证券市场也有更好的表现。反之，若宏观经济紧缩，公司的投资与经营活动都会受到影响，市值也会缩水。

第二，居民的收入水平。良好的宏观经济发展形势会使居民可支配收入显著增加，居民的消费意愿与消费水平会提升。同时，市场活跃度以及各行业中公司的经济效益也会因此提高。此外，居民是证券市场经济活动的重要参与者，收入提升会使更多的居民涌入证券市场，推动证券市场的发展。

第三，投资者的预期。宏观经济形势的变化还会影响投资者对证券市场的信心。良好的宏观经济形势会使投资者预期提升，流入股市的资金更多，推动市场平均价格攀升；反之，投资者预期会下降，股市发展速度缓慢。

第四，资金成本。宏观经济政策的调整，如税收、利率等调整，会使个体投资者、投资机构或投资公司的资金成本受到影响，从而对整个资本市场的发展产生影响。

因此，为了更好地进行市值管理，公司管理者需要实时关注宏观经济形势的变化，并进行合理的判断与预测，根据分析结果制定发展策略，使公司能够最大限度地发挥出自身在资本市场中的优势。

11.3.3 高市值带来更大投资规模

公司的市值越高，意味着公司的融资能力越强，越容易获得充足的发展资金。公司上市后，并不是仅有首次上市时发行新股这一次融资机会。在股票市场中，上市公司能够持续进行融资。

若一个公司的股票市值为 10 亿元，那么该公司在进行定向增发或配股时，融资的金额不能超过 10 亿元。因此，市值越高，公司的融资能力就越强，能够获得的资金也就越多。

公司的市值越高，越有利于从多方面提高公司声誉，树立良好的品牌形象。每年都会有各种各样的媒体或机构，对不同行业的公司的市值进行排名。市值越高，意味着该公司在各类权威的排名中的名次越靠前，这无疑会使公司获得更多关注。

同时，市值越高、公司规模越大，越容易得到媒体的关注与报道。这会使公司的知名度和行业地位不断提升，吸引更多投资者关注。

公司之间的竞争，很大程度上体现在高端人才的竞争上。人才是公司价值提升的关键，而人才必定会流向平台更宽广、待遇更优渥的大公司。

股权激励是激发员工工作热情、吸引高端人才加入公司的重要手段之一。当上市公司的市值在行业中有着较强的竞争力时，其就能够以股权激励的方式吸引更多的高端人才加入。并且，股权激励方案中往往会规定一定年限内激励对象持有的股权不允许买卖，这样能够更好地留住人才，充分激发人才活力。

市值越高，公司并购其他公司的能力就越强。市值低的公司不可能通过"蛇吞象"的方式去吞并比自身规模大得多的公司。通过并购，公司能够获得行业话语权，拥有更多发展机会以及更加广阔的发展空间。如此良性循环，公司的市值不断增长，进而得以实现可持续发展。

总的来说，公司的市值越高，越容易获得有利的发展条件。在公司持续发展、市值不断提升的过程中，更容易吸引投资机构与投资者的关注，这会对公司股价中长期上涨产生积极影响。例如，贵州茅台、腾讯等公司，就是通过市值不断提升实现股价持续上涨。

在市场竞争越来越激烈的当下，巨头公司之间的竞争很容易造成垄断，使小公司的生存空间被挤压。市值低往往意味着公司规模小，难以避免的，公司的话语权会高度集中在少数人手中。这容易导致拥有话语权的个体的形象代表公司形象，使公司的道德、经营发展等方面的不确定性因素增加，并且公司的规模越小，不确定性越高。

11.3.4　海螺水泥如何成为市值管理赢家

在我国，海螺水泥称得上赋能式投资和市值管理的先驱。在竞争激烈的水泥行业中，无论从规模还是从各项盈利指标来看，海螺水泥都取得了十分亮眼的成绩。

海螺水泥不仅在各项指标上全面领跑水泥行业，还是投资领域的佼佼者。起初，海螺水泥仅将投资视为突破行业区域性限制的方式之一，进而实现做大做强的目标。在完成几次成功的投资之后，海螺水泥逐渐探索出一套独特的投资模式。

以海螺水泥对巢东股份的投资为例，海螺水泥以每股 2.48 元的价格，共收购了巢东股份 19.69% 的股份，实现了对同地区、同行业上市公司的战略性投资。

海螺水泥对巢东股份进行赋能式投后管理，使巢东股份的成本控制、技术创新等方面得到大幅改善，盈利能力显著提升。投资巢东股份，使海螺水泥获得了三倍以上的高额回报。

通过此次投资，海螺水泥总结出其特有的战略投资模式——"海螺模式"，即"无控股权，有管理主导权"。此后，海螺水泥又通过二级市场举牌、定向增发等方式，对数家同行业公司进行投资，包括福建水泥、华新水泥、同力水泥、青松建化、冀东水泥等。

海螺水泥的投资模式是在行业周期底部挑选价格较低的资产，通过赋能管理的方式帮助被投资公司提升经营能力和市值，进而兑现投资回报。

作为市值管理的赢家，海螺水泥的成功经验值得众多公司学习。

首先，公司的市值管理团队至少需要拥有产业经营与资本经营两方面的能力。在产业经营方面，市值管理团队需要具备资源整合与产业经营经验，不能仅有理论知识而不会实际应用；在资本经营方面，市值管理团队要有投资、并购等经验，不能仅是纸上谈兵。

其次，公司要充分利用资本杠杆的力量，寻找合适的入场时机，采用恰当的方式进行投资。公司要利用自身成熟的产业经营经验与能力，通过赋能管理的方式做好投后管理，提高被投资者的发展经营能力，在协助被投资者进行产业升级的同时，获得更为丰厚的投资回报。

最后，市值管理是一场持久战，任何战略部署都难以取得立竿见影的效果。因此，对于任何投资，公司都需要做好长期持有的准备，以实现永续经营。

第 12 章

做大市值：
升级为高市值上市公司

　　做大市值是上市公司的战略目标之一，有助于价值实现。上市公司的价值受到市场的接受与认可，有助于完成从要素投入到要素产出的转化，最终升级为高市值上市公司。

12.1　如何衡量市值是否实现

在发展的过程中，公司不仅需要努力实现价值，还需要对价值实现的情况进行衡量，以调整并完善发展策略。衡量价值是否实现的指标主要有市盈率、流通股东规模、股东架构变化、股票的市场表现等。

通过对这些指标进行综合分析，投资者能够判断公司价值是否实现，对公司发展情况有更加清晰的认知，从而做出科学的投资决策。公司能够通过对这些因素进行分析，及时弥补发展过程中的不足之处，使利润稳定、持续地增长。

12.1.1　市盈率

市盈率是上市公司股票价格与每股收益的比率，是评估上市公司价值的基本指标之一。市盈率的高低，能够反映出上市公司的价值是否实现、股票风险、公司未来的成长性、公司股价高低等情况。

利用市盈率来衡量公司价值是否实现，优点在于简单快捷且易于使用。特别是在资本市场中存在大量可对比的公司时，这一方法能够反映公司股权的价值。

并且，市盈率还能够反映出资本市场中的广大投资者对公司的态度或看法。当大部分投资者对某一行业持乐观态度时，该行业中公司的市盈率较高。

使用市盈率衡量公司价值时，公司管理者需要注意以下两个方面。

一方面，选择恰当、合理的市盈率。根据投资者偏好以及获取数据的难易程度，公司管理者可以选择与公司存在可比关系的公司的市盈率作为参考，也可以选择公司所处行业的平均市盈率作为参考。

另一方面，对所选择的市盈率进行适当调整。由于不同公司的成长性与风险性不同，因此在选择好可供参考的市盈率后，管理者还需要根据相关变量对其进行适当修正。

12.1.2 流通股东规模

流通股东是我国股市中的一个特有概念，指的是参与股市并持有流通股的投资者。根据投资金额的大小，流通股东可以分为机构投资者、大户、中户、散户。这四类流通股东，是我国股市早期运作的主要参与者。

与普通股东不同，流通股东以流通股本为参照。在具体的公司决策上，流通股东的权利会受到更大的限制。流通股东主要享有知情权、分红权、表决权、临时股东会会议召集请求权、监督建议与质询权、股权持有与处置权以及寻求司法保护权。流通股东的规模会对公司的市值产生一定影响，并且能够在一定程度上反映公司的价值实现情况。

通常情况下，如果流通股东持有某公司较大比例的股票，那么意味着该公司的基本面较好，对公司后期发展过程中股价上涨起到积极作用。如果公司的流通股东中少数大股东持股比例较大，其余小股东持股比例较小，那么将对公司重组、规模扩张产生积极影响。

如果流通股东持有较少的股份，公司就极有可能受到资本市场资金炒作的影响，股价很可能会出现短期波动，投资者面临的风险变大。

12.1.3 股东架构变化

股东架构是公司中各股东所占股权的份额、比例及其相互关系的表现。股东架构的变化，也是股权架构的变化。股东架构是公司组织结构的顶层设计，是公司运营管理的根基。股东架构对公司的业务发展与效益提高有着很大影响。

在公司发展过程中，难免需要调整股东架构。从某种意义上来说，股东架构是反映公司价值是否实现的一个重要因素。

股东架构往往具有一定灵活性，可塑、可变。当组织生态与外界环境发生变化时，股东架构也应当随之调整。例如，当公司发展到一定阶段时，就必须通过融资实现规模扩张。而通常情况下，融资会造成股权稀释，使股东架构发生变化。此外，当公司发展过程中有核心人员加入、发生人事变动、市场环境变化时，股东架构也会发生相应的变化。

可以说，股东架构的变化直接反映公司发展进程。投资者可以通过分析公司股东架构的变化，来推断其发展态势，做出相应的投资决策。当一家公司出现股东架构混乱、股东架构变动频繁且变化幅度过大、股东之间权责不明等情况时，表明该公司没有明晰的发展规划，从长远来看，该公司不具备发展潜力与投资的价值。

公司创始人需要谨慎看待股东架构的变化，不断提升自身识人、用人的能力以及决策能力，培养战略眼光，以设计合理、恰当的股东架构。在融资过程中，公司创始人要注重把控股权稀释的比例，避免因融资金额过大、股权稀释比例过高而失去对公司的控制权。

12.1.4 股票在市场上的表现

股票的市场表现能够直接反映公司的价值实现情况。当公司价值实现情况良好时，其股票在资本市场中自然会有更好的表现，股票价格将提高；反之，当公司价值实现情况不理想时，其股价可能会一路下跌，股票在市场中表现不佳。

股票在资本市场中的表现不仅受到公司发展情况的影响，还受到资本市场环境、行业政策、宏观经济形势等多种因素的影响。

因此，对于投资者来说，对股票市场表现的判断需要综合考虑多种因素，进行全方位、多角度的思考。在规避投资风险的同时，投资者无须因为股票在短期内表现较差而过分紧张、盲目抛售，这反而不利于获取投资收益。

对于公司来说，公司需要努力经营，保持稳健的发展态势，对多种影响股票市场表现的因素进行综合考量，根据外部环境变化及时调整发展策略。同时，公司还需要不断完善治理结构，及时、严格地进行信息披露，以股东利益为先，力争为股东带来长期且丰厚的回报。

12.2　让公司拥有高市值的新招数

提高公司市值，是公司各项业务运转的首要目标。想要提升公司市值，公司创始人需要从完善战略体系、完善业务体系、完善资本体系、完善信息披露体系四个方面入手做好市值管理工作，为市值提升奠定基础。

12.2.1　完善战略体系：以市值为导向的目标

完善战略体系是公司对自身发展有着全面、正确认知的表现。公司需要明晰自身在市场中的定位，明确自身的优势与劣势，制订科学、高效的发展规划，提高自身的核心竞争力。

不同公司的规模、经营范围不同，发展方向与生产结构也不同。公司需要结合自身实际情况完善战略体系，进行富有层次、有所侧重的战略规划。在完善战略体系方面，公司可以从明确未来 3 ～ 5 年的战略、设立以市值为导向的发展目标两个方面入手。

1. 明确未来 3 ～ 5 年的战略

想要完善战略体系，公司就不能拘泥于短期发展目标或静态的计划，而应从长远发展的角度出发，打造一个动态的、系统的战略体系，从整体层面上对资源进行合理、科学的配置。

在实际操作中，公司可以明确未来 3 ～ 5 年的发展战略，明确自身的发展目标、使命与愿景。公司应将短期目标与长期目标有机结合起来，并在发展过程中关注市场动向以及自身发展态势的变化，对发展战略中偏离实际的地方及时调整，使战略始终保持引导性与先进性。

2. 设立以市值为导向的发展目标

公司成功上市后，市值就成为一项关键的金融资源。市值是上市公司的商业价值总和，体现了公司的可持续竞争力、经营管理效率、产品的市场适应能力、公司创造的价值等。它不仅关乎上市公司股东的财富价值，还与上市公司未来发展过程中的融资成本与抵御风险的能力息息相关。

市值是市场对公司价值的评估，公司的管理成果、经营决策等，都可以通过市值体现出来。只有设立以市值为导向的发展目标，市值管理才科学、有效，才能推动公司实现持续发展。

设立以市值为导向的发展目标，能够使公司管理者形成系统性的管理思维。市值管理是一项系统性、科学性、体系化的工程，需要适应不断变化的资本市场环境，而非对股价的应急性操控。

在进行市值管理时，公司需要辩证分析市场发展形势，灵活运用反周期理论等市场投资理论，在动态变化的资本市场中实现"低买"与"高卖"，从而推动市值增长。公司必须将市值增长提升到战略高度，进行系统化考量，再根据实际情况进行相应的资本动作。

设立以市值为导向的发展目标，能够使公司的治理结构得到改善。治理结构是公司处理各种契约关系的一种制度安排，是对公司不同层次的利益主体之间关系的规范，能够在各利益主体之间形成激励、控制与权力制衡并存的机制。

资本市场变幻莫测，损失与收益的边界十分模糊。并且，现代公司通常采取委托代理的经营发展模式，波动剧烈的市场使得公司面临的风险增加。

由于公司委托代理的经理人往往不具有公司财产的所有权，其收益目标与股东的收益目标不一致，因此若公司治理存在漏洞，缺乏科学、有效的权力制衡机制，经理人注重短期效益进行市值管理的行为就会损害股东的利益，也会与以市值为导向的公司发展目标偏离。

因此，以市值增长为发展目标，能够在深层次上推动公司治理结构改善，使经理人与股东的偏好、利益一致，进而实现良性互动。

设立以市值为导向的发展目标，能够推动公司转型升级。在传统意义上，净资产是衡量公司经营水平的重要指标，这导致公司对投资、并购、重组等活动的重视程度较低，没有强烈的转型升级意识。

将市值增长设定为发展目标后，市值将成为公司经营绩效与实力的衡量标准之一。因此公司会更加重视自身的长期增值，并积极通过并购、重组等方式实现转型升级，不断提高自身的核心竞争力。

以市值增长为发展目标，能够更好地促进公司由依靠资源拉动效益提升转向依靠新兴产业、金融资源、资本、技术等要素实现效益提升，以形成更加多元化的产业发展模式。

设立以市值为导向的发展目标，能够使公司的风险管理水平进一步提升。作为资本市场中的交易主体，公司在经营发展中会遇到一些风险。当发生损害公司市场信誉的突发事件时，公司会受到公众的质疑，公司股票价格会大幅度下跌，公司市值会蒸发。这将会抹杀公司前期进行市值管理的成效，还会对公司的正常运营产生负面影响。

因此，为了完成以市值为导向的发展目标，公司需要具备风险防范意识，针对各类风险制定应急预案。当重大决策出现失误时，公司管理者要逐级问责，尽快解决问题。

公司还需要与监管部门建立联系，积极与其交流，以便在出现问题时，能够及时获悉具体情况并有针对性地整改。针对投诉与举报，公司要积极与相关利益个体协商，勇于承担责任，及时解决问题。

当问题得到解决后，公司需要及时进行信息披露，以最大限度地消除负面新闻给公司带来的不利影响，避免投资者对公司产生误解。公司必须积极维护自身的信誉，必要时可以采用法律武器维权。

12.2.2　完善业务体系：围绕核心业务促进增长

业务体系是公司经营管理体系的重要组成部分。完善业务体系有助于公司由营销驱动转变为客户口碑与价值驱动，提高公司业务拓展能力，实现以更好的业务经营获得更高市值。在完善业务体系方面，公司需要做好以下两个方面。

1. 集中资源，重点经营核心业务

公司的现金流、利润、销售额等核心财务指标，都与公司业务息息相关。经营好业务，完善业务体系，是公司组织架构完善、文化形成的重要依托，也是公司创造价值的重要基础。完善业务体系，关键在于集中资源，重点经营核心业务。

公司的资源是有限的，对有限的资源进行科学、高效的配置，以实现资源的最大化利用，是公司经营管理的核心。在业务发展方面，公司同样需要集中有限的资源，重点经营核心业务。

如果公司有多种业务类型，就需要对核心业务与补充性业务进行区分。对于核心业务，公司应当焦中资源，持续发力；对于补充性业务，公司也不能忽视，应研判补充性业务对核心业务能够起到何种作用，以及补充性业务适合采用自营的经营方式还是与他人合作经营的经营方式。此外，公司还需要识别出业务体系中的边缘性业务，当此类业务不能为公司带来利润时，应适时地摒弃。

如果某种业务是依赖市场红利而形成的机会型业务，那么当市场红利消失时，这种业务的利润也会随之消失。对于客户来说，这种业务不能为其带来额外价值与增值服务，不具有独特价值。

公司需要不断增强自身的核心竞争力，在擅长的领域不断积累优势，为客户提供独特的价值，从而保持对客户的吸引力。围绕核心业务，公司要集中资源，建立市场竞争优势。

2. 围绕核心业务寻找潜在增长机会

在业务经营方面，公司应树立正确的业务增长理念，围绕核心业务，不断向外拓展，寻找潜在的增长机会。在寻找增长机会的过程中，公司要将业务增长与员工的绩效挂钩，充分调动员工的工作积极性。

潜在增长机会能够为公司核心业务提供成长空间。在寻找潜在增长机会的过程中，公司需要牢牢把握已经出现的机会，充分发挥自身优势，实现价值最大化；公司还需要对增长机会进行判断，果断放弃原来能够实现增长而现在已经丧失增长能力的机会，不在这类机会上耗费过多资源；公司还需要对机会背后潜藏的风险进行准确评估，选择风险较低、更为稳妥的增长机会。

在具体操作上，公司可以从以下三个方面入手，寻找市场中的潜在增长机会，如图 12-1 所示。

（1）守住根本。通常情况下，公司在其核心业务领域具有较强的市场竞争力，占据较大的市场份额。如果公司在行业中占据优势地位，就能够及时捕捉到行业中新的增长机会。并且，行业领军公司往往在行业中拥有较高的话语权，能够最大限度地挖掘行业中新的增长机会的价值。

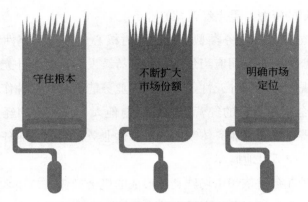

图 12-1　寻找潜在增长机会的三种方式

为了建立并保持优势，公司需要不断通过技术创新保证核心业务的成长性，成为行业中的领跑者。

（2）不断扩大市场份额。不断扩大市场份额，满足市场中大多数需求，不仅能够实现公司利润增长，加快公司发展速度，还能使公司更加敏锐地捕捉到市场中新的增长机会，进而打开新的增长空间。

（3）明确市场定位。明确市场定位有利于公司打造独特的形象，创造差异以吸引更多消费者。清晰的市场定位还能够帮助公司迅速抢占细分领域的消费市场，使公司能够更好地满足细分领域消费者的需求。在明确自身市场定位后，公司能够更好地聚集资源，从而形成独特的市场竞争优势，增强竞争力。明确市场定位还有助于公司专精专研，在擅长的领域更好地挖掘新的业务增长点，以实现持续的效益增长。

明确市场定位后，公司能够深耕某一领域，获得更多的行业话语权，从而能够牢牢把握新的增长机会，实现进一步发展与市值的进一步提升。

12.2.3　完善资本体系：公司需要强大的资本平台

完善资本体系是公司在资本市场中发展、扩张的前提，是公司市值提升的有效手段。下面将从打造强大的资本平台、积极开展再融资与并购两个方面展开，详述公司如何完善资本体系，从而在资本市场中创造更大价值。

1. 打造强大的资本平台

当公司发展到一定阶段或一定规模后，体量增大会推动公司财务系统转型升级。出于对外扩张的需要，公司需要打造更加强大的资本平台。这样公司的发展道路才能更加顺畅，在市场竞争中立于不败之地。

处于快速发展阶段的公司，以及向着市场化、集团化、一体化方向发展的公司，对资本平台有着更高的要求，需要更加强大的资本平台。公司实力的增强会反作用于资本平台专业水平的提高，为资本平台的发展奠定基础。

公司之间的竞争本质上是对高端人才的争夺，能否建立一支优秀的金融人才队伍，对公司能否打造强大的资本平台至关重要。

为了建立优秀的金融人才队伍，公司需要通过校园招聘、招聘网站、与猎头公司合作等方式招聘金融专业的高端人才。同时，公司可以通过与海内外各大高校、机构合作，有计划地培养高端金融人才，尤其是要培养核心管理人员。公司可以通过培训、考核、评估等手段对人才质量进行把控，确保人才队伍的先进性。

此外，公司还可以引入金融专家、行业领先公司的高层等具有丰富金融管理经验的高级人才。他们可以为公司打造资本平台提供意见与建议，并为公司的决策提供经验参考。通过借助外部知识力量，公司能够有效缓解内部人才压力。

在打造强大的资本平台的过程中，公司不仅要抓住发展机遇，勇于迎接挑战，还要谨慎应对市场变化，积极防范风险，提前制定应对风险的措施。

当前，大部分公司对金融资本市场的认识还不够深入，在打造资本平台的过程中，往往面临很多困难。对此，公司需要加强人才队伍建设并健全风险防范机制，以在出现问题时及时解决。公司能够把握机遇、在风险来临时积极应对，才能够将风险转化为发展的机会。

2. 积极开展再融资与并购

再融资与并购是公司扩大规模、实施多元化战略的有效方法。这两种方法不仅能让资源得到充分利用，降低生产成本，还能有效扩大公司的经营范围，分散经营风险。公司需要将工作的重点放在再融资与并购上，充分利用这两种方法提升效益。公司也需要重点关注这两种方法可能引发的问题，结合自身实际情况制定相应的策略，避免问题出现。

（1）再融资。再融资指的是上市公司通过发行可转换债券、增发、配股等方式，在证券市场中直接融资。再融资是推动上市公司进一步发展的重要因素，受到越来越多公司的重视。

再融资可以解决公司发展过程中现金流不足的问题，降低公司快速发展对资本和资源的依赖，有助于改善财务状况，提升公司的竞争力。

（2）并购。并购是公司进行产业结构调整、优化资源配置、提升竞争力的重要方法，也是拓展市场、提升价值的主要渠道。从19世纪通用电气、福特汽车等公司的发展，到20世纪思科的飞速成长，再到21世纪初花旗、旅行者集团等巨头公司的诞生，都和并购有着密切的关系。很多大型公司都是通过不同程度或不同方式的并购成长起来的。

并购的作用主要体现在两个方面：一是并购可以减少公司的经营成本和交易费用，公司可以在节约成本的基础上实现快速扩张和飞跃发展；二是并购降低了市场准入门槛，拓宽了公司进入市场的渠道。

并购已经成为很多公司谋求发展的主要战略路径。上市促使资本量级提高，而资本流动推动公司估值增长。这样公司可以拥有更强的支付能力，可以借助资本的力量实现市场占有率提升；打通产业链，提高产业链延伸能力，实现净利润快速增长。

并购与市值相互影响、相互推动。公司并购优质资产，市值会得到进一步的提升。而市值提升后，又给并购提供了新的条件。两者在循环互动中，推动公司竞争力不断提高。

12.2.4　完善信息披露体系：明确披露内容

从市值管理的角度出发，外界对公司的认知是影响公司发展的重要因素。因此，为了更好地迎合市场，在市场中建立独特的优势，公司应当合理地进行信息披露，向外界传达公司的经营理念、发展战略等信息，提升外界对自身的认知。

在对外界进行信息披露时，公司需要注意，信息披露不可盲目，应当有选择、有计划地进行。明确哪些内容应当公开是公司完善信息披露体系的重中之重。一般来说，公司需要对以下内容进行披露。

1. 定期报告

定期报告包括年度报告、半年度报告等。《证券法》第七十九条对上市公司的信息披露做出了规定，要求公司"应当按照国务院证券监督管理机构和证券交易场所规定的内容和格式编制定期报告，并按照以下规定报送和公告：

（一）在每一会计年度结束之日起四个月内，报送并公告年度报告，其中的年度财务会计报告应当经符合本法规定的会计师事务所审计；

（二）在每一会计年度的上半年结束之日起二个月内，报送并公告中期报告。"

2. 业绩预告

公司进行业绩预告存在严格的时间限制。《上海证券交易所股票上市规则》中规定："上市公司预计年度经营业绩和财务状况将出现下列情形之一的，应当在会计年度结束后 1 个月内进行预告：

（一）净利润为负值；

（二）净利润实现扭亏为盈；

（三）实现盈利，且净利润与上年同期相比上升或者下降 50% 以上；

（四）扣除非经常性损益前后的净利润孰低者为负值，且扣除与主营业务无关的业务收入和不具备商业实质的收入后的营业收入低于 1亿元；

（五）期末净资产为负值；

（六）本所认定的其他情形。

公司预计半年度经营业绩将出现前款第（一）项至第（三）项情形之一的，应当在半年度结束后 15 日内进行预告。"

3. 临时报告

对于公司发生的有深刻影响的重大事件，公司需要及时进行临时报告，并进行公告。《证券法》第八十一条规定："发生可能对上市交易公司债券的交易价格产生较大影响的重大事件，投资者尚未得知时，公司应当立即将有关该重大事件的情况向国务院证券监督管理机构和证券交易场所报送临时报告，并予公告，说明事件的起因、目前的状态和可能产生的法律后果。

前款所称重大事件包括：

（一）公司股权结构或者生产经营状况发生重大变化；

（二）公司债券信用评级发生变化；

（三）公司重大资产抵押、质押、出售、转让、报废；

（四）公司发生未能清偿到期债务的情况；

（五）公司新增借款或者对外提供担保超过上年末净资产的百分之二十；

（六）公司放弃债权或者财产超过上年末净资产的百分之十；

（七）公司发生超过上年末净资产百分之十的重大损失；

（八）公司分配股利，作出减资、合并、分立、解散及申请破产的决定，或者依法进入破产程序、被责令关闭；

（九）涉及公司的重大诉讼、仲裁；

（十）公司涉嫌犯罪被依法立案调查，公司的控股股东、实际控制人、董事、监事、高级管理人员涉嫌犯罪被依法采取强制措施；

（十一）国务院证券监督管理机构规定的其他事项。"

12.3 管理优化：最大化实现市值提升

管理优化可以提升公司运营效率，降低公司运营成本，激发公司创新活力，提升公司核心竞争力。公司优化管理，可以从变革组织架构、打造独特的文化、制定合理的股权激励方案等方面入手，使市值得到最大化提升。

12.3.1 建立垂直型、平台型组织

垂直型组织是一种基础、简单的组织形式。其特点在于，公司各业务部门从上到下实行垂直领导，公司整体呈现金字塔结构。在垂直型组织中，各业务部门只接受一位上级的领导的管理，上级对其管辖部门的一切

事务负责。这一组织结构的优点在于命令统一、权责分明、结构清晰。

平台型组织是移动互联时代出现的新型组织形态，是公司为了应对日益增加的高端人才对自主管理的需要、激烈的市场竞争以及高度复杂化的市场需求，通过运用数字化治理技术，将小公司灵活敏捷的应变优势与大公司专业资源集聚的规模优势集成起来而打造的开放型组织形态。

在发展过程中，平台型组织逐渐形成以平台治理中枢、前台业务先锋、中台资源洼地为基本架构的组织模式，能够更好地实现对市场需求的柔性应变与公司内外部资源的集聚。

在这一模式中，平台治理中枢负责明确平台存在的目标与意义、协调前台与中台各业务部门之间的运营；前台业务先锋负责满足用户需求、应对市场竞争；中台资源洼地负责集聚公司内外部各类资源、进行技术攻关、提供整合性服务，不断扩大公司的资源池。

为了优化管理，公司需要根据自身实际情况，并结合垂直型、平台型组织的优点，打造符合自身特色的组织形态。

总的来说，在优化管理的过程中，公司要注重贯彻以用户为中心的理念，不断盘活并扩大资源池，建立起稳定、有序的管理体系，以形成独特的市场竞争力。

12.3.2 赋予员工成立事业部或子公司的资格

事业部指的是在总公司或分公司中，根据不同地区、不同产品的特点设立的相对独立的业务经营单位。地区事业部或产品事业部具备一定的自主经营权，但不具备独立法人资格。在组织架构上，事业部与职能部门相对。

子公司指的是母公司全资控制或通过股权控制的公司。根据控制方式的不同，子公司可以分为全资子公司和控股子公司。子公司具有独立法人资格，是受母公司约束的独立公司。

作为独立公司，子公司享有独立的公司命名权，能够自主召开董事会会议与股东会会议，能够对公司财产进行独立支配，能够独立从事各种资本经营与业务经营活动。

与子公司相比，事业部是公司内部组织管理方面的概念，二者的组织架构不同。但对于总公司或母公司来说，二者都能够调动员工的工作积极性，拓宽公司获取利润的渠道。而且，通过相对独立的生产经营活动，二者都能够为总公司或母公司培养更多的高端管理人才。

赋予员工成立事业部或者子公司的资格，进行事业部制改革与集团化运作，是公司迅速崛起的重要手段。从本质来看，成立事业部与子公司是公司核心竞争力的规模化扩张，是公司集成化技术能力的商业化拓展，是公司在产品集成创新的基础上，在多行业、多领域进行的跨界式经营发展。

对于公司来说，派遣值得信赖、能力卓越的员工成立事业部或子公司，一方面，能够将经营业绩良好的业务分离出去，聚焦资源，对业务进行专精专研，通过技术开发与创新实现快速商业化，获取更多利润；另一方面，能够优化公司的管理模式与组织架构，通过"N 经营单元 +N 赋能平台"的组织管理模式，实现组织与战略的系统化、一体化演进。

此外，事业部与子公司还能够在沿用公司的经营管理经验与先进技术的前提下，在不同领域与不同市场中满足消费者的不同需求，使公司的核心竞争力得到大幅提升。

12.3.3　重视文化及服务功能

在激烈的市场竞争中，品牌竞争是重中之重。而品牌竞争的核心在于公司通过打造文化与提升服务能力，塑造良好的品牌形象。

建设公司文化需要引起公司管理者的高度重视。只有管理者对文化建设高度重视，并给予支持与认同，才能更好地形成文化建设氛围，增强公司内部的精神动力与凝聚力。同时，管理者的价值标准、理念与追求对整个公司的文化取向有着深刻影响。

建设公司文化需要各部门员工积极创新。在公司的号召与管理者的鼓励下，公司员工要坚持贯彻"边建设，边传播"的理念，实现由"知"到"行"的转变，从被动接受文化到主动传播文化。

同时，公司需要结合文化，打造有特色的品牌形象。公司可以依托优秀的地域文化与行业文化，并结合自身的特色文化，不断吸收先进的文化元素，逐渐形成独具特色的服务体系、服务形象与服务内涵，树立起品牌。通过不断传播服务特色，公司可以培养员工的认同感、归属感，提升消费者的忠诚度。

12.3.4　设计完善的股权激励方案

股权激励是公司进行市值管理、完善管理体系的重要手段，能够提高员工的向心力和凝聚力。在设计股权激励方案时，公司管理者需要审慎思考与决策，明确股权激励的目标、工具、考核方式等。

1. 实施股权激励的目标：平衡公司所有权与经营权

股权激励能够使员工获得一定的公司股权，以股东的身份参与公司大小事务的决策，并与公司共担风险、共享利润，享受股权带来的权利与经济效益。

实际上，股权激励是公司给员工提供的一项福利，用以激励员工为公司的长期发展而不懈努力，是吸引高端专业人才的重要手段之一。由于股权激励的对象往往是公司的高层，即公司的实际经营者，因此股权激励的目标在于使公司所有权与经营权得到平衡，使公司的经营效率提升、经营风险降低。

在现代公司制度下，公司的所有权与经营权往往处于分离状态，这使得投资者与经营者、管理者之间极易出现信息不对称问题，影响公司长远发展。因此，股权激励成为越来越多公司平衡所有权与经营权的首选方案。

2. 实施股权激励的工具：股票期权 + 期股 + 业绩股票

对于公司来说，实施股权激励存在一定的不确定性，正确的股权激励方案能够促进公司的发展，而错误的股权激励方案则有可能导致公司遭受巨大损失。因此，在实施股权激励方案时，公司必须不断完善制度体系，采用与实践情况最适配的工具，并设置监督岗位或部门来对方案的落实情况进行监督，确保方案行之有效、管理严格、规则严明。

实施股权激励的工具主要有股票期权、期股、业绩股票。

其中，股票期权也称认股权证，是公司给予激励对象的一种权利。通过双方约定，激励对象可以用一个固定的价格，在未来一定时限内购买一定数量的股票。

期股也称股份期权，与股票期权有所不同。在股票期权激励模式下，在授予期权时，激励对象不需要支付对价，在后期行权时才需要支付对价；在期股激励模式下，激励对象需要支付首付，然后以分期付款的方式获得全部股份。

业绩股票指的是设定一个合理的业绩指标，如果激励对象达到这一指标，公司就会授予其一定数量的股票，或者对激励对象购买公司股票给予一定的优惠。

根据自身的具体情况，公司可以合理选择以上工具，也可以综合使用。

3. 股权激励的考核方式：业绩考核

在实施股权激励时，公司需要根据一定的评判标准进行差异化授权，也就是在实施股权激励之前对员工进行考核。通过预先设定好的考核制度，公司可以将考核结果作为确定激励对象及其所获激励份额的依据。

股权激励公平、公正、公开，才能得到员工的信任，起到激励作用。此外，股权激励的考核制度也必须合理、公正。

股权激励的考核方式主要以业绩考核为主。例如，某个实施股权激励的公司规定，上任5年内，持有股权的高管必须达到规定的业绩目标，否则就会对其薪酬水平、个人职务的晋升以及持有的股权份额的收益等产生负面影响。

4. 股权激励的风险控制：评估风险与适时调整

实行股权激励有一定的风险，因为员工可能会为了自身的利益而忽视公司的长远利益。因此，在设计股权激励方案时，公司管理者需要对股权激励可能引发的风险进行评估，设计完善的股权激励方案。

此外，股权激励存在一定的生命周期。宏观经济环境不断变化，公司需要及时调整股权激励方案，使其能够更好地适应环境变化。无论是股权激励还是股权架构，都是公司实现可持续发展的重要保障，而对股权激励的风险进行控制，则是股权架构稳定的重要保障。

5. 不可或缺的员工持股计划

在现代公司管理制度中，员工持股计划是一种新型股权分配方式，也是员工所有权的实现方式之一。其具体表现为，公司赋予特定员工认购部分股权的权利。这部分股权由员工持股会或第三方进行托管与集中管理。承担委托责任的员工持股会或第三方拥有进入董事会的权利，可以进行分红、表决等一系列活动。

员工持股计划在成熟的上市公司中十分普遍，且在公司的制度体系中具有重要的地位。这一制度使公司的综合实力与生产效率得到较为显著的提升。

员工持股计划能够传递市场信号。当上市公司开展规模较大的员工持股计划时，持股的员工在市场中的股票交易行为，将会传递出有关公司经营状况的信号，有助于投资者做出科学的投资决策。如果资本市场低迷，上市公司实施大规模的员工持股计划还可以提升投资者的信心，改善资本市场生态环境。